W0317718

Adélaïde

Lorsque l'intelligence artificielle casse les codes

DANGER

LE PHOTOCOPILLAGE TUE LE LIVRE

Le pictogramme qui figure ci-dessus mérite une explication. Son objet est d'alerter le lecteur sur la menace que représente pour l'avenir de l'écrit, particulièrement dans le domaine de l'édition technique et universitaire, le développement massif du photocopillage.
Le Code de la propriété intellectuelle du 1er juillet 1992 interdit en effet expressément la photocopie à usage collectif sans autorisation des ayants droit. Or, cette pratique s'est généralisée dans les établissements d'enseignement supérieur, provoquant une baisse brutale d'achat de livres et de revues, au point que la possibilité même pour les auteurs de créer des oeuvres nouvelles et de les faire éditer correctement est aujourd'hui menacée.
Nous rappelons donc que toute reproduction, partielle ou totale, de la présente publication est interdite sans autorisation de l'auteur, de son éditeur ou du Centre français d'exploitation du droit de copie (CFC, 20 rue des Grands-Augustins, 75006 Paris).

DALLOZ

Le Code de la propriété intellectuelle n'autorisant, aux termes de l'article L. 122-5, 2° et 3° A., d'une part, que les « copies ou reproductions strictement réservées à l'usage privé du copiste et non destinées à une utilisation collective » et, d'autre part, que les analyses et les courtes citations dans un but d'exemple et d'illustration, « toute représentation ou reproduction intégrale ou partielle faite sans le consentement de l'auteur ou de ses ayants droit ou ayants cause est illicite » (art. L. 122-4).
Cette représentation ou reproduction, tout comme le fait de la stocker ou de la transmettre sur quelque support que ce soit, par quelque procédé que ce soit, constituerait donc une contrefaçon sanctionnée pénalement par les articles L. 335-2 et suivants du Code de la propriété intellectuelle.

© éditions DALLOZ - 2024

ISBN 978-2-247-22833-1

Adélaïde
Lorsque l'intelligence artificielle casse les codes

Scénario **Christiane Féral-Schuhl,**
avocate en droit du numérique

Illustrations **Tiphaine Mary,**
avocate et illustratrice

Lefebvre Dalloz

DALLOZ

© DR PhotoPresta - Benoît Pitre

Christiane Féral-Schuhl : avocate en droit du numérique, elle exerce également les fonctions de médiatrice et de cyberarbitre. Elle est actuellement seconde vice-présidente du Conseil national de la médiation (2023-2026). Elle a été la première femme élue présidente du Conseil national des barreaux (2018-2020) et la deuxième bâtonnière dans l'histoire du Barreau de Paris (2012-2013).
Elle est également l'auteure de nombreux ouvrages dont *Cyberdroit, le droit à l'épreuve du numérique* (Dalloz).

© Julien Jouanneau

Tiphaine Mary : avocate en droit de la famille, successions et majeurs protégés, elle est aussi connue en tant qu'artiste sous le pseudonyme @MaitreEtTalons. Elle est notamment dessinatrice pour le *Bulletin du Barreau de Paris*, et certains de ses dessins ont été publiés à *La semaine juridique*, *Lexbase*, et récemment à *Paris Match*. Elle a également une activité d'artiste, vend ses œuvres d'art et a réalisé une première exposition cette année lors de la biennale du Palais Salon à la Maison du Barreau.

1. Lorsque la vie personnelle n'est plus privée ...

Je me suis équipée récemment, sur les recommandations de mon amie Alice, d'un nouveau matelas Mattosu. Il s'ajuste à l'anatomie de mon corps et peut détecter tout ce qui pourrait m'empêcher de dormir. Depuis, je me réveille tous les matins avec une sensation de bien-être INCROYABLE !

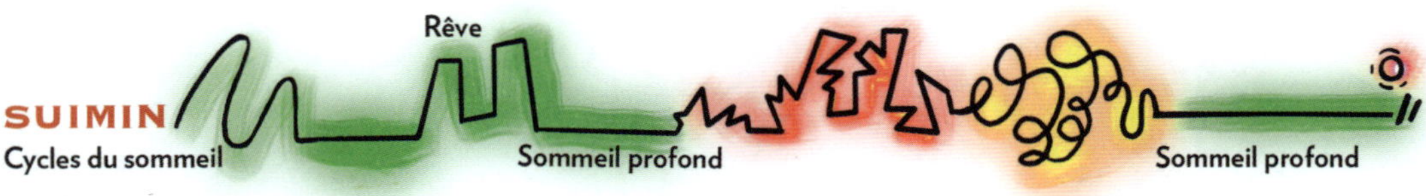

Il est connecté à la solution intelligente du sommeil Suimin qui peut étudier les cycles du sommeil et détecter ainsi automatiquement l'horaire idéal de mon réveil.

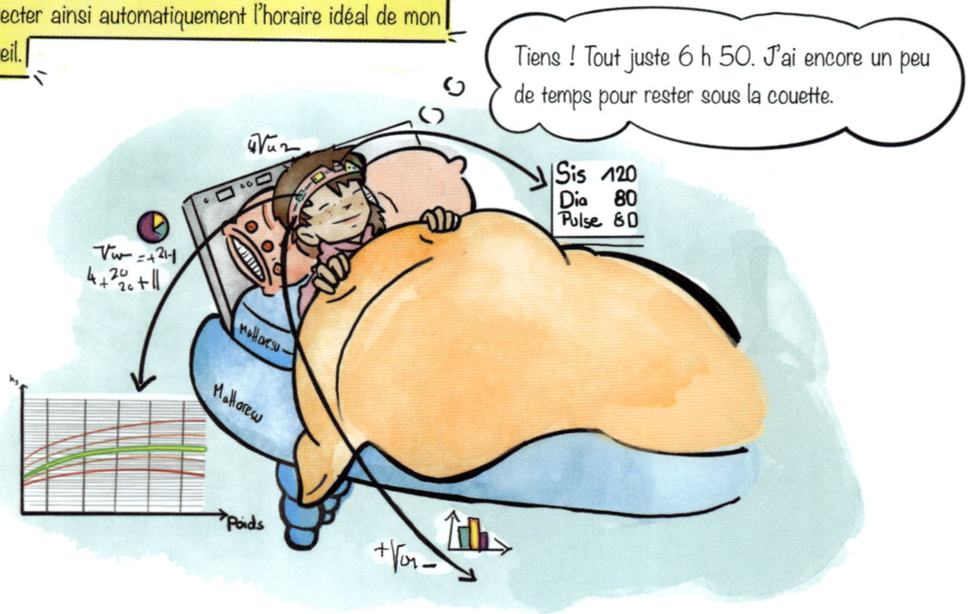

Les yeux fermés, je vérifie la pose du bandeau serre-tête que je porte chaque nuit. Il est chargé d'une multitude de capteurs qui étudient les cycles de mon sommeil et déclenchent mon réveil.
Ha !!
Ils enregistrent aussi d'autres informations : mon poids, les calories que j'absorbe et que je dépense, ma température, ma tension, mon rythme cardiaque, mais aussi mon niveau de stress, mes clignements de paupières, mes variations d'humeur...
Une microscopique puce sans fil et un capteur miniaturisé mesurent en ce moment même mon taux de glucose et ma tension oculaire.
Puce
Capteur
Cela me plaît de savoir que mes signes vitaux sont en observation permanente et que mes données de santé sont partagées en temps réel avec l'assistant virtuel de mon médecin traitant.
Au moindre symptôme inhabituel, par exemple si tout à coup votre cœur commence à battre trop vite, hop intervention immédiate !
Problème ?
Alerte Rouge!
Problème !
Problème !!!!
Alerte
Bip
Bip
Sur les recommandations de mon médecin, j'ai donné mon consentement pour la télétransmission de mes données de santé à F. H, une start-up américaine qui aide à la prévention de cancers et au dépistage de maladies.
Cela permet de traquer le moindre indice d'une maladie du cœur ou d'Alzheimer.
Bip Bip
F.H
C'est bien connu, plus vous diagnostiquez rapidement la maladie, plus c'est facile à traiter.

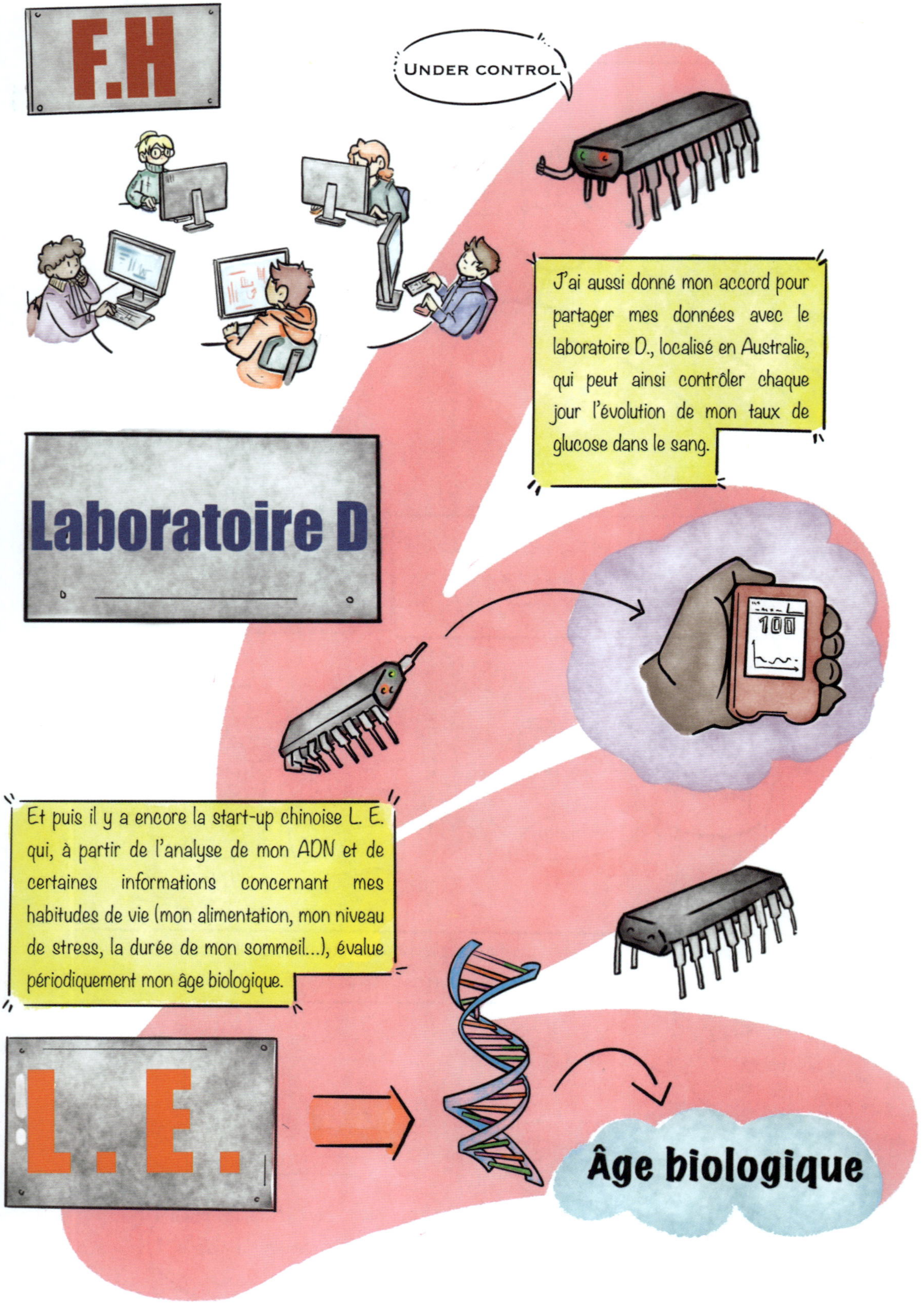
F.H
Under control
J'ai aussi donné mon accord pour partager mes données avec le laboratoire D., localisé en Australie, qui peut ainsi contrôler chaque jour l'évolution de mon taux de glucose dans le sang.
Laboratoire D
100
Et puis il y a encore la start-up chinoise L. E. qui, à partir de l'analyse de mon ADN et de certaines informations concernant mes habitudes de vie (mon alimentation, mon niveau de stress, la durée de mon sommeil...), évalue périodiquement mon âge biologique.
L. E.
Âge biologique

Je partage aussi mes données avec Jim, mon coach virtuel. Un véritable ange gardien qui me guide, me dicte, minute par minute, ce qu'il faut faire, manger, boire…
CONTRÔLE CONTRÔLE CONTRÔLE
C'est grâce à lui que je maintiens ma ligne — oui, une ligne parfaite, conforme aux standards : 65 kg pour 1 m 75 ! C'est toujours Jim qui me dit comment ajuster le programme de sport et mes menus diététiques.
Question de discipline ! Tout se joue au gramme près ! Aucun écart ! Jamais !
Hop hop hop
Je découvrirai tout à l'heure mon plateau-repas du petit-déjeuner programmé grâce à toutes mes données. Mais ce qui est formidable, c'est que le menu tient compte aussi des données préenregistrées que j'ai communiquées, notamment mes préférences alimentaires, allergies et intolérances.
Bla bla
Bla bla
Bla bla
Bla bla
Tellement génial ! Je me connecte quand je veux à mon dossier médical partagé ! J'ai accès à tous les avis de tous les médecins que j'ai consultés.

Vraiment génial ! Je retrouve mes antécédents médicaux, ceux de mes parents, de mes grands-parents, les résultats de mes analyses et même les risques de déclenchement de maladies exprimés en taux de probabilité !
Je partage tout avec les services de l'assurance maladie. Ils sont très contents de mon suivi médical et m'envoient des félicitations.
Félicitations
+ 2 points bonus
J'ai les yeux grands ouverts à présent. Mon ophtalmologiste m'a convaincue de remplacer mes cristallins par des lentilles électroniques qui intègrent des capteurs en énergie solaire.
Très bonne idée, cette petite intervention chirurgicale. Les résultats sont top ! Plus besoin d'allumer ma lampe de chevet. Pratique et économique !
Je dispose à présent d'une vue augmentée.
Zoom intégré dans mes lentilles de contact par un simple battement de cils.
À gauche, je réduis la distance.
À droite, je l'augmente.
Si je double-clique, à droite, j'active la fonction photo, à gauche, celle de la vidéo.

Les photos et les vidéos sont transmises sur mon cloud privé en attendant de nouvelles instructions.
iCloud
J'adore !
J'identifie un petit mouvement à l'intérieur des feuillages. Je zoome donc sur l'endroit qui a capté mon attention, jusqu'à ce que j'identifie... un petit moineau très agité. Il donne des petits coups de bec sur la branche sur laquelle il s'est posé.
Oh ! Mais qu'est-ce que c'est ?
TAC TAC
Voilà qui est bien étrange !
Les seuls oiseaux autorisés à survoler la ville de Futura sont ceux qui planent en ce moment même. C'est une espèce rare, avec des ailes gigantesques.
En réalité, il s'agit de drones-oiseaux équipés de capteurs intégrés qui sillonnent le ciel pour collecter plein de données. Ils fonctionnent en liaison avec les 40 000 caméras de la ville et alimentent le système de notation des citoyens qu'ils observent de là-haut !

Quel petit moineau insolent ! Il m'agace avec ses coups de bec nerveux. Il va finir par abîmer les petites caméras miniatures enfouies dans les feuilles des arbres de Futura !
TAC TAC
Tu ne devrais pas être là toi ! Tous les oiseaux ont été éradiqués à Futura !
L'opération d'éradication des oiseaux lancée par le maire avait fait beaucoup de bruit au moment de son vote par le conseil municipal. Une fois de plus, les anti-Futura avaient voté contre, dénonçant une politique d'épuration insensée. Rien que ça !
Le rôle des oiseaux est capital pour l'équilibre écologique ! Vous êtes des criminels !
SAVE THE BIRDS
A.F
Anti-Futura
Sauvons les oiseaux !!!!!
Espèce menacée
Heureusement, les anti-Futura ont été mis en minorité par la brillante démonstration – une de plus – du maire.
Le nettoyage des crottes d'oiseaux coûte des sommes folles chaque année.
On croule sous les plaintes et les frais de procédure pour nuisances sonores : roucoulements de pigeons, tapages nocturnes de coqs déréglés...
€
Plaintes ↗
menaces ↗

Il y eut un long silence. Les anti-Futura avaient été mis KO debout après cet argumentaire implacable. L'opération spéciale éradication de tous les oiseaux de Futura fut votée à une très large majorité.

Elle fut lancée immédiatement après l'expiration du délai de recours d'un mois.

Chaque fois qu'un citoyen transmettait une photographie permettant de géolocaliser un oiseau, l'application « Ma Futura en poche » lançait un signalement sur l'espace public qui permettait à des drones d'encercler la bête et de l'achever. Le citoyen, lui, bénéficiait de 100 points téléchargés dans son Livret.

Ce petit oiseau qui me narguait avait donc échappé à l'opération. J'allais réparer cet oubli en alertant sans délai le service de la mairie.
Hop c'est fait !
Bon j'éviterai de raconter tout ça à Ferdinand... ça nous épargnera une nouvelle dispute !
Ah Ferdinand ! Il a toujours été compliqué et réfractaire à une vie saine et organisée.
02.00
Il a pourtant été rappelé à l'ordre à plusieurs reprises par les services de l'assurance-maladie.
Votre hygiène de vie crée un risque de dégradation de votre état de santé.
Comme vous ne suivez pas les prescriptions médicales, nous arrêtons de vous rembourser vos frais médicaux.
QUOI ?

Puis les services de l'assurance-maladie ont transmis l'information à la banque.
Je suis désolé Monsieur, mais notre banque ne peut donner une réponse favorable à votre demande de prêt...
QUOI ?
J'ai bien tenté de le raisonner.
Fais du sport...
Ce n'est pas raisonnable. S'il te plaît, reprends-toi en main. Il te faut un coach virtuel. Tu dois changer d'habitudes alimentaires...
PFFF.....
C'est comme ça que je veux vivre !!!!
!!!!!!
Ton hygiène de vie je n'en ai rien à faire !!!
Alors, pour son anniversaire, je lui ai offert un bon pour une évaluation de son âge épigénétique. Oui, épigénétique.
Joyeux anniversaire !!!
Bon Cadeau
De: Adélaïde
Pour:
À partir d'un échantillon de ton sang, on peut mesurer le vieillissement moléculaire.
La durée d'espérance de vie se calcule à partir du patrimoine génétique (pour 40 %) mais c'est surtout le style de vie qui est déterminant (60 %).

Je lui ai mis sous le nez le lien sur le site de L.E. qui explique clairement que les facteurs environnementaux sont les plus essentiels : ils activent et désactivent certains gènes.
HTTP://
l.e.epigenetique.com
Génétique
Style de vie
40 %
+
60 %
Je pourrais savoir combien d'années il me reste à vivre ?
Pff !! Non, cela ne prédit pas l'avenir !
Cela te donnera une information qui te sera utile sur l'accélération probable de ton vieillissement.
J'espère que tu comprendras qu'il est urgent que tu changes de mode de vie !
Pfff
N'importe quoi !

Cela aurait pu en rester là.
Je pensais qu'il conserverait dans un coin le bon, puis qu'il l'oublierait.
Bon cadeau
Offert par: Adélaïde
Pour : évaluation épigénétique
J'avais finalement eu une bonne surprise. Ferdinand avait bien voulu se prêter à l'exercice. Il avait utilisé le bon que je lui avais offert et fait le test.
32
45 ans
Et le résultat était tombé sans surprise : alors qu'il venait tout juste de fêter ses 32 ans, son âge biologique était de… 45 ans.
Ha Ha Ha
Quoi???!

Un choc pour lui ? Rien du tout ! Il a rigolé.
Je t'invite à déjeuner pour fêter ça. Cela te changera de tes repas protéinés.
J'avais accepté, espérant pouvoir le convaincre de prendre en main sa santé.
Il faudrait rendre obligatoire la mutualisation des données médicales. Cela permettrait d'adapter les traitements en fonction de la nature des patients.
Ce serait beaucoup plus simple pour vérifier les effets secondaires des médicaments.
Bla bla bla
On anticiperait mieux la diffusion des épidémies, le dépistage des maladies...

Tu sais que ton appli Futura te surveille, surveille tes amis. Tu sais qu'elle t'espionne ?
Ça ne te gêne pas d'être tracé pour acheter un t-shirt mais pour lutter contre un virus c'est un problème ?
C'est quoi ton problème ? Tu acceptes bien d'être sur les réseaux sociaux, sur les plates-formes ?
Ferdinand haussa les épaules exaspéré.
Pfff...
Bla bla bla
Donc tu as bien toujours le contrôle.
De toute façon, tu dois donner ton consentement. Et tu peux retirer ton accord à tout moment.

J'étais tellement étonnée que je n'ai pas tout retenu du flot de paroles qui a suivi. Il éructait. En gros, il s'agissait de collecte sauvage de données, de leur croisement, de l'exploitation honteuse de ces données par les exploitants d'objets connectés, d'un monde de vautours mal intentionnés, de discrimination. J'avais le sentiment d'entendre un anti-Futura.

Arrête. Tu exagères. Tu sais bien que tout est sécurisé, crypté.
Pourquoi me priver de la réduction de mes primes d'assurance quand je peux justifier d'un bon bilan génétique, d'une meilleure hygiène de vie et donc d'un bon potentiel de santé ?
Les sociétés d'assurance, les banques. Cela ne te gêne pas de leur donner accès à ton bilan santé ?
Pourquoi ? Je n'ai pas à payer pour ceux qui préfèrent faire la fête et creuser le trou de la sécurité sociale !
Donc tu acceptes de vendre tes données ?!
?!!
Je ne vends pas mes données. J'autorise des essais cliniques avec mes données. En échange, je gagne des points de fidélité. Moi, je n'ai rien à cacher.

Donc je résume : ceux qui ne livrent pas toutes leurs données de santé doivent être considérés comme ayant quelque chose à cacher ?
?!!!
Quand on n'a rien à cacher, il n'y a aucun problème. C'est mieux pour tout le monde.
Ferdinand est parti sans rien dire.

2. Lorsque l'intelligence artificielle s'installe chez l'humain...

J'habite Futura, une cité en banlieue intelligente, connectée, collaborative, très respectueuse de l'environnement, très soucieuse du bien-être et de la sécurité des citoyens.
La sécurité, c'était l'engagement de campagne du candidat maire de Futura !
Adoptez MrHide
On ne se perd jamais dans la cité Futura ! Il suffit de se connecter à l'appli mobile de la ville. Elle est mise gracieusement à la disposition de chaque citoyen par la mairie, à condition bien sûr de justifier qu'on a sa résidence principale à Futura.
L'identification se fait au choix, soit en communiquant son numéro de sécurité sociale — une méthode un peu vieillotte qui est encore pratiquée par les plus anciens — soit en utilisant le système de reconnaissance de la rétine. Celui-ci, mis au point par le ministère de l'Intérieur, est adapté à tous les téléphones mobiles.

Une fois l'identification faite, il suffit de se laisser guider par le système de géolocalisation intégré.
1...
2....
Et 3...
Que l'on soit à pied, à vélo, en trottinette, en scooter ou en voiture, que l'on circule via les routes ou même par les airs... on est guidé jusqu'à sa destination, en évitant les embouteillages, les attroupements, les obstacles en tous genres !
Plus besoin de passer un permis de conduire ou de pilote de ligne. Plus besoin de connaître le Code de la route ou les règles de l'air, tous les objets mobiles, qu'ils roulent ou qu'ils volent, sont équipés de radars puissants et autonomes qui repèrent au millième de seconde près les éventuels obstacles susceptibles de provoquer un accident.
Quand je dis « sécurité », je pense « zéro risque ».

Avant, des milliers de personnes mouraient chaque année dans le monde à cause des accidents de voitures, de vélos, de trottinettes, à cause de chauffeurs ivres, drogués, négligents, distraits.
Je vous propose de faire une minute de silence en mémoire de tous ces morts...
Tic Tac
Tic Tac
Tic Tac
Futura
Une ville plus sûre
Je vous le promets, tout cela, c'est de l'histoire ancienne.
Il a été longuement et chaleureusement applaudi par son auditoire.
La conduite autonome que le maire a imposée dans toute sa ville a supprimé tout risque. Cela ne veut pas dire bien sûr qu'il n'y a plus du tout d'accident.

Je ne sais plus à quand remonte le dernier accident. Mais je me souviens très bien qu'il avait fait la une de l'actualité. Sur tous les réseaux, sur tous les plateaux web, dans tous les journaux, partout, on ne parlait que de ça. On avait reconstitué les faits au ralenti, à la seconde près, grâce aux enregistrements des caméras embarquées. Des schémas avaient circulé dans tous les sens.
En direct notre expert...
Les algorithmes ne se trompent pas !
Des experts étaient venus les commenter, en expliquant étape par étape comment la voiture avait réussi à dévier de sa route pour éviter l'obstacle et protéger ses passagers.
Ils avaient décortiqué l'algorithme qui, en un millième de seconde, avait choisi de se diriger vers le vieux monsieur qui attendait patiemment de traverser le chemin plutôt que vers le joyeux bambin de trois ans qui portait ce jour-là un joli petit bonnet rouge et qui sautillait au bord de la route.
Tout le monde avait félicité le concepteur. Les commentaires laudatifs à son endroit inondaient les réseaux, très largement « likés » et partagés.
@tatilulu : Bravo à l'inventeur !
@martinG : Les #algorithmes ne se trompent jamais !
@mariaFy : Plus d'algorithmes moins d'injustice
@MaireDeFutura : Bientôt toutes les voitures seront équipées de cette invention révolutionnaire !

Les journalistes, leurs invités, le concepteur prenaient tous un air affecté en parlant du drame.
Évidemment nous présentons toutes nos condoléances à la famille de ce vieux monsieur…
Quelle tragédie !
C'est un horrible accident… Néanmoins la victime était plus que centenaire…
Personne de sa famille ne s'est manifesté…
D'ailleurs on ne sait pas très bien d'où elle venait…
Il se murmure qu'il ne serait pas originaire de Futura.
FuturaTV
D'autres experts, des juristes, se sont ensuite employés à disséquer la question de la responsabilité.
En d'autres termes, si le conducteur ne fait rien et que la voiture fait tout, il ne peut pas être responsable.
Il faut d'abord définir le niveau d'autonomie de la voiture.
Lorsqu'elle est en autonomie totale, c'est-à-dire quand l'humain n'est plus impliqué dans la conduite, nous sommes en présence d'un robot mobile.
Julio Tique Expert en responsabilité robotique

Il faut aussi considérer le cas d'un véhicule semi-autonome, lorsque le conducteur a la faculté de reprendre le volant.
Dans ce cas, le conducteur reste responsable, car il est maître de son véhicule. Et puis n'oubliez pas que le législateur a formulé une proposition de loi sur la responsabilité des robots autonomes. Elle est actuellement en discussion à l'Assemblée nationale.
Il faut imposer une assurance à tout propriétaire d'un robot !!!
Les compagnies d'assurance ont réagi au quart de tour pour insister sur l'indemnisation de la victime.
Cela n'a pas du tout plu au maire, propriétaire des voitures autonomes de la ville de Futura.
Le raisonnement de M. Tique est exact.

Mais malheureusement le cas de figure qu'il évoque est théorique et ne peut pas concerner les citoyens de Futura.
Quoi ???
Oui, j'ai fait en sorte que toutes les voitures de la ville de Futura, j'ai bien dit TOUTES, soient entièrement autonomes.
Elles sont sans conducteur, sans volant, sans commande d'accélérateur, sans frein.
En tout état de cause, la loi sur la responsabilité du robot n'a toujours pas été votée, le seul responsable de l'accident, c'est bien sûr le fabricant du véhicule !
À charge pour lui d'aller rechercher la responsabilité du concepteur de l'algorithme.
C'est le concepteur qui a alors fait la tête.

Les experts d'assurance, eux, n'ont plus été invités à débattre. Ils ont protesté en faisant un peu de bruit.
Assureurs en grève !
Ils ont manifesté quelques jours en inondant les réseaux sociaux de propos vindicatifs.
Ils ont alors été à leur tour dénoncés par une association de lutte contre le cyberharcèlement. Puis on ne les a plus entendus.
Je serai inflexible.
Il n'y aura pas d'assurance obligatoire, ni pour les propriétaires ni pour les utilisateurs .
Les citoyens de Futura se sont félicités d'avoir élu un maire qui savait si bien défendre leurs intérêts sans jamais perdre de vue l'objectif « zéro accident ».
On circule donc en toute sécurité dans la ville de Futura. Il suffit d'utiliser l'appli de guidage Futura en renseignant l'adresse de destination. Cette appli interagit avec le GPS du véhicule autonome. Il suffit de se laisser bercer par le paysage et la musique.

Toutefois, pour plus de sécurité dans la ville de Futura, il est recommandé de s'équiper d'une montre Futura !
Pour encourager cette initiative providentielle le maire avait tout prévu !
Pendant une période de six mois, tout titulaire du Livret Futura pourra obtenir gracieusement cette montre.
Il suffit de détenir au moins 5 000 points bonus cumulés !
Nous allons mettre en place un carnet de notation du bon citoyen… j'ai vu ça en Chine…
C'est révolutionnaire !
En fonction du nombre de points bonus qui lui sont attribués, le titulaire peut bénéficier prioritairement du choix d'un logement, d'une place de parking, des meilleures places pour voyager, d'un taux d'intérêt d'exception pour un prêt, de l'inscription à telle ou telle université…
Livret Futura

Alors quand le maire a précisé que le téléchargement de l'appli Futura sur la montre octroyait immédiatement 10 000 points bonus de prime de bienvenue, ce fut la ruée.
Je veux une montre !
Quasiment tous les citoyens ont réclamé la montre et se sont dépêchés de télécharger l'appli « Ma Futura en poche ».
Il y a eu saturation des réseaux et rupture de stock pendant quelques jours. Il a fallu répondre aux mécontents qui attendaient impatiemment leur montre.
J'ai évidemment réussi à faire partie des premiers bénéficiaires.
Avec les 10 000 points bonus qui s'ajoutent aux 22 000 que j'ai déjà accumulés, j'ai suffisamment de points pour avoir le droit de voter pour la prochaine élection du maire.
Je pourrais même bientôt me présenter aux élections si ça continue !
Je ne l'enlève jamais… c'est déconseillé et j'ai bien trop peur de la perdre !

La montre Futura me permet de recevoir en temps réel toutes sortes de précieuses notifications.
Ah il y a une braderie dans le magasin de robots aspirateurs !
Bip
Bip
Ok musique, politique...
Fitness, bien-être...
J'ai présélectionné les sujets qui m'intéressent à partir de mots-clés. Un robot opère ensuite en scrollant le web, il peut aussi de manière autonome repérer des sujets susceptibles de me plaire.
Surtout rien de violent !
Néanmoins, ce que j'apprécie le plus, ce sont les notifications qui me préviennent de la présence à proximité de personnes que je ne veux surtout pas rencontrer.
Oh non pas elle... Vite changement de direction !
BipBip
BipBip
Je peux définir l'étendue de la zone sécuritaire que je veux mettre en place autour de moi.
20m
Par exemple, je n'ai aucune envie de croiser l'ancien locataire du 1er étage qui a déménagé et qui revient de temps à autre dans le coin.

Si nécessaire, je peux cocher l'option « indésirables suspects » sans désigner quiconque. C'est un algorithme puissant qui épaule efficacement les forces de l'ordre en analysant les comportements, notamment la parole et les mouvements du visage des citoyens. Il interagit avec les 40 000 caméras de surveillance installées dans la ville Futura qui détectent automatiquement des faits ou gestes potentiellement à risque, par exemple un départ de feu, des goulots d'étranglement de population, un colis, un sac abandonné...
Je sors juste les poubelles !!!
HA HA
Ha Ha
Ha
Il est autoapprenant et se charge tout seul d'inscrire dans cette catégorie les personnes dont il juge le comportement suspect. C'est ainsi le cas d'un attroupement dans la rue de plus de 5 personnes ou de quelqu'un qui rit trop fort, parle tout seul, fait des gestes brusques ou des grimaces...
Parfois, bien sûr, il y a des quiproquos comme lors de la dernière fête d'Halloween où toutes les caméras se sont emballées...
Le plus important, c'est que l'algorithme transmet en temps réel les signalements des suspects à la police qui les partage avec les robots-patrouilleurs qui surveillent en permanence Futura.

Afin que le dispositif soit pleinement efficace, les faits et gestes de tous les citoyens sont enregistrés 24 h/24, sur ce qui permet évidemment une protection renforcée.
Seulement un mois de délai de conservation des données ??
La police devrait pouvoir conserver toutes ces infos plus d'un mois…
Le maire a vivement réagi sur le sujet. Il a interpellé très fermement les autorités publiques pour remédier à cette situation.
Mais pour l'instant, il faut, hélas, se rendre à l'évidence. Comme le maire l'a précisé, les données se désintègrent automatiquement au bout d'un mois.
C'est la durée légale maximum autorisée pour leur conservation. Mais nous nous employons à modifier la loi avec le ministre de l'Intérieur.
Dès qu'une personne entre dans la catégorie « indésirables suspects », elle encourt une amende pour trouble à l'ordre public qui lui est notifiée séance tenante en ligne. Elle doit la régler immédiatement à partir du QR code qui s'affiche automatiquement.
Si son compte n'est pas provisionné ? Il est tout simplement bloqué et l'amende est majorée !

Si elle conteste ? Puisque tout le monde a le droit d'accéder à la justice, l'affaire est alors portée devant le juge-robot Just qui statue en premier et dernier ressort.
Si elle veut un avocat ? Elle se connecte à la legaltech Ténor qui intervient exclusivement en ligne.
L'audience se tient en visio. La plaidoirie doit être d'une durée maximum de 90 secondes. D'ailleurs, le micro de l'avocat s'arrête automatiquement passé ce laps de temps !
Il vaut mieux éviter d'avoir des démêlés avec la justice. Pour cela, il convient de respecter le règlement de Futura. C'est simple et c'est une question de sécurité.
Vous aurez avec cette montre un garde du corps qui vous protège 24 h/24 !
Et c'est tellement vrai.

La sécurité, c'est aussi éviter de rencontrer des personnes contagieuses, comme Léon et Noémie qui ont un rhume carabiné depuis quelques jours.
ALERTE
Hop dans la liste des personnes « provisoirement indésirables ».
Ce n'est que pour 7 jours après tout !
Pendant cette durée, je vais pouvoir les éviter à leur insu ! Je ne réponds pas à leurs appels ni à leurs messages, histoire de ne pas les froisser.
Je peux toujours prétendre avoir désactivé les notifications d'alerte par étourderie.
Le maire avait invité le ministre de la Santé à la soirée de lancement de la montre Futura parce qu'il a eu une idée originale.
La montre Futura intègre le Pass sanitaire.
Et on évite une nouvelle pandémie !

Le ministre de la Santé a été très sensible au discours du maire et l'a remercié très chaleureusement. Avec une voix chevrotante, il a évoqué à son tour cette période si sombre de notre histoire. Il a aussi rendu hommage à son lointain prédécesseur qui avait joué un rôle si héroïque. Il a insisté sur l'importance de continuer à tracer le virus covid-19 et les autres qui continuaient malheureusement à muter et sévir.
Je ne veux pas être alarmiste. Mais nous ne sommes malheureusement pas à l'abri de nouvelles contaminations.
En cas d'alerte, il faut immédiatement s'isoler, consulter un médecin, faire un test.
Se protéger et protéger les autres. C'est comme cela que l'on peut aider les personnels soignants qui font un travail tellement formidable. Félicitations Monsieur le Maire pour votre initiative. J'espère que d'autres maires suivront votre exemple.
Inadmissible ! C'est du flicage !
Anti Futura

Mais non, vous vous trompez. Vous êtes protégés par l'anonymat.
Anonyme ? Vous plaisantez ? Et la géolocalisation, vous en faites quoi ?
Anti Futura
Les utilisateurs ne sont pas géolocalisés. Le Pass sanitaire utilise le Bluetooth. Les autorités publiques ne peuvent donc pas retracer les personnes contaminées.
Une ingénieure s'est levée pour donner un avis. Ce fut long et ennuyeux et personne n'a écouté.
C'est faux ce que vous dites. La technologie Bluetooth suppose une communication entre deux cartes Bluetooth rattachées à un terminal mobile.

Ces cartes doivent communiquer sur la base d'un identifiant unique généré par un serveur central.
Cet identifiant permet de rattacher l'information communiquée à la carte Bluetooth. Et cette carte est rattachée à un terminal. Et le terminal permet de faire le lien avec la personne.
Elle a été interrompue par un autre ingénieur tout aussi savant et ennuyeux.
En fait, avec le Bluetooth, l'identification ne se fait ni par le nom, ni par le numéro de sécurité sociale, ni par le numéro de carte d'identité.
Mais on reste parfaitement identifiable au moyen d'un code ou d'un numéro, par exemple par le numéro du Livret des bons points. Donc c'est faux de dire que c'est anonyme. Les données sont toujours stockées quelque part, même temporairement.
Les participants s'impatientaient. La tension montait dans la salle pleine à craquer. Pour ceux qui étaient en distantiel, on les voyait s'agiter derrière les écrans.

Vous êtes totalement libres de télécharger ou non le Pass sanitaire. C'est fa-cul-ta-tif.
Ah oui ? Pourtant, il est obligatoire si on veut circuler en dehors de Futura. Donc nous sommes libres de rester... chez nous. C'est bien ça ?
Anti Futura
N'est-il pas vrai que si tout le monde acceptait de télécharger le Pass sanitaire, cela permettrait de disposer de bases de données précises ? On pourrait diminuer le nombre de diagnostics inadaptés et répétitifs.
Cela vous permettrait, Monsieur le Ministre, de réduire le budget de la santé.
Cela permettrait d'investir dans la recherche et d'éviter de nouvelles pandémies meurtrières ! Bref, tout le monde se porterait tellement mieux.

Alors, s'il vous plaît n'oubliez pas de prendre avec vous la montre Futura et de télécharger l'appli « Ma Futura en poche ». Le Pass sanitaire est déjà téléchargé. C'est MON cadeau.
Clap Clap Clap
Un torrent d'applaudissements avait mis fin à cette belle soirée. En ligne, on voyait s'afficher des émojis 😍🥳 👌👍👏👏👏
Clap
Clap
Clap
Clap
Je ne quitterais pour rien au monde une ville aussi sûre que Futura. Et je dois dire que je suis complètement fan du nouveau maire au sourire séducteur, et aussi de la montre Futura et de toutes ses applis.

Le maire est aussi très engagé dans la lutte pour la protection de l'environnement. Et, comme il s'y était engagé pendant sa campagne, sa ville est verte, très verte, et très fleurie aussi, ce qui m'enchante.
Que c'est agréable ces fleurs toute l'année !
J'adore en particulier les arbres qui ont été conçus spécialement pour la ville de Futura. Ils sont partout, y compris dans ma copropriété.
Cela n'a pas été simple de les faire installer dans les jardins de la copropriété. Les discussions ont été très vives lors de l'assemblée générale. Certains copropriétaires ont fait de la résistance.
Ce serait un crime d'abattre un arbre bicentenaire !
Il faut respecter le rythme des saisons !
Nous voulons pouvoir continuer à toucher les feuilles, à les voir s'effriter dans nos mains, à sentir l'odeur du bois mouillé.

Ils ont supplié l'assistance de laisser faire la nature, de la laisser respirer, de les laisser respirer aussi. Ils disaient que c'était une question de vie ou de mort.
Ils ont failli faire basculer le vote.
L'entretien des chênes, des marronniers, des bouleaux, des oliviers, coûtait vraiment cher.
Il faut les tailler, parfois les soigner quand ils tombent malades. Lorsque leurs feuilles tombent en automne, il faut les ramasser.
Tout cela a un coût… Sans oublier les frais de jardinage.
FACTURE
Nous pourrions remplacer l'herbe du parc par du gazon artificiel. Cela éviterait des frais de robots-tondeurs qui tombent régulièrement en panne et qui font un bruit insupportable, surtout pour les copropriétaires-télétravailleurs !
La majorité des copropriétaires a remercié le conseil syndical pour son action et son analyse rigoureuse des comptes et a finalement voté à une large majorité la décision d'abattre les arbres et de les remplacer par des arbres intelligents Futura.
À l'énoncé de la résolution votée, les anciens se sont levés et sont partis en claquant la porte.

À présent, les arbres Futura déploient 365 jours par an leurs branches feuillues. Ils sont 100 % artificiels, mais en fait, ils ont l'air plus vrais que nature. Il n'y a plus de feuilles mortes.
La bonne surprise, c'est que les arbres Futura réalisent aussi des économies d'énergie. Ils captent et distribuent l'énergie des rayons de soleil. La copropriété a pu résilier tous ses contrats de fourniture d'électricité.
Quelle fantastique idée du Conseil syndical ces arbres...
L'énergie solaire lui suffit à présent pour la consommation de chauffage et d'eau chaude. Il est même question qu'elle puisse revendre à la copropriété d'à côté.
Ils restent verts toute l'année...
Il paraît même qu'ils ont des vertues thérapeutiques...
Je me sens tellement bien à Futura.
Il y a bien eu quelques remous lorsque le parti anti-Futura a protesté en revendiquant le respect de la vie privée, la liberté de réunion, la liberté de manifester, la liberté de circuler, d'aller et venir anonymement. Il y en avait une liste longue comme le bras.
Ces anti-Futura sont assez pénibles. Ils considèrent que la cybersurveillance est une atteinte inacceptable aux libertés individuelles, à leurs droits fondamentaux.
Ce n'est pas de la cybersurveillance. C'est de la cyberprotection. La sécurité, c'est la première des libertés.

3. Lorsque les robots sont au service des humains ...

La ville Futura, si bien organisée, a pour objectif de dégager plus de temps pour les citoyens, pour nous permettre un bel épanouissement personnel.
Pourtant, je ne trouve plus le temps de rendre visite à ma grand-mère, mamie Jacinthe.
Ça fait un moment que je n'ai pas vu mamie Jacinthe...
Ce serait parfait pour mamie Jacinthe!
Besoin d'une aide à domicile exceptionnelle, interactive, personnalisable et polyvalente ?
Nous avons ce qu'il vous faut !!
.hideRobot.com
Cela n'avait pas été simple de la convaincre.
Mamie, tu dois te faire aider. Impossible de continuer comme cela. Tu n'es plus en mesure de faire les courses, ni de cuisiner...
Mamie Jacinthe n'était pas du tout d'accord.
Non, je n'ai besoin de personne !

Mais plusieurs signes de laisser-aller prouvaient le contraire.

Alors mamie Jacinthe avait fini par reconnaître du bout des lèvres qu'il lui fallait un peu d'aide pour le ménage.

Il fallait se rendre à l'évidence. Cela n'était pas suffisant. On avait donc aussi fait appel au robot ménage dernier cri.

Mais sa manie obsessionnelle d'éradiquer le moindre grain de poussière avait très vite agacé mamie Jacinthe, d'autant qu'il ne savait pas travailler silencieusement !

Pour ne pas entendre ce bourdonnement insupportable, mamie Jacinthe débranchait son appareil auditif. Et puis elle oubliait de les remettre. Et on perdait alors le contact avec elle.
J'avais donc été obligée de renforcer l'équipe des robots.
Mamie je te présente Frigobot !
Chacun des robots intervenait dans son domaine de spécialité. Mais il fallait coordonner leurs interventions.
Aspire tout
J'y avais passé des heures, mais cela ne convenait jamais à mamie Jacinthe. Il fallait donc souvent déprogrammer puis reprogrammer.
Ras-le-bol!

* Deuxième vie.

Nous déambulions désormais dans un univers 3D où nous pouvions interagir au moyen de nos propres avatars.

Mamie Jacinthe sautillait et retrouvait toutes ses facultés de jeunesse pour courir, sauter et jouer dans un environnement joyeux. Elle bondissait d'une activité à une autre, d'un spectacle à l'autre, elle retrouvait des amies qu'elle n'avait pas vues depuis longtemps...

Ce fut compliqué de lui retirer les lunettes. Il fallut même s'y prendre à plusieurs pour l'immobiliser et les lui enlever de force.

Malgré l'opération-lunettes, mamie Jacinthe ne voulait toujours pas aller dans une maison de retraite.

J'étais très découragée. Et Ferdinand, comme à son habitude, n'avait été d'aucune aide, prenant le parti de mamie Jacinthe, contre moi. Il n'écoutait pas mes doléances et balayait le problème d'un revers de la main !

Finalement, avec la promesse de lui obtenir une paire de lunettes, je finis par trouver un accord avec mamie.

Oui, elle resterait chez elle comme elle le souhaitait. Oui, on se chargerait de lui trouver des lunettes 3D pour retourner dans le métavers. Mais elle aurait désormais, avec elle, une personne à demeure pour s'occuper d'elle et des robots.

Je réussis à traîner Ferdinand chez Robotagency, leader mondial connu pour la qualité des services d'aide à la personne.

Après avoir consulté la base de données mise à notre disposition par l'agence, notre choix se porta sur MrHide.
Celui-ci !
Excellent choix !
Un bijou de fabrication 100 % français. Les concepteurs ont signé la charte éthique et bénéficient à ce titre du label rouge qui garantit que MrHide n'émet pas de déchets numériques ! Et cerise sur le gâteau, ils ont aussi signé la charte éthique de mixité prévue par la loi Rome.
Heureusement, notre ministre de l'Égalité a remué ciel et terre pour imposer cette charte.
Il faut en finir avec un monde pensé exclusivement par des hommes. Le regard croisé H/F, c'est la garantie qu'il n'y aura plus de biais sexistes, de stéréotypes... SIGNEZ CETTE CHARTE !
Ministre de l'Égalité
C'était un bon gros point pour MrHide.

Équipé Haut de gamme :

4 micros directionnels
2 haut-parleurs
2 caméras capables de capturer jusqu'à 30 images/seconde
1 sonar de détection
2 émetteurs et 1 récepteur wifi webcams
9 capteurs tactiles
19 langues

Sait chanter
Sait danser
Sait dicter des messages
Sait envoyer des comptes-rendus réguliers sur ses activités
Sait faire des signalements
Sait même déclencher une alarme en cas de danger, un début d'incendie par exemple

19 langues ??? À quoi cela peut-il bien lui servir ? Bon, cela démontre sa capacité à apprendre vite et bien. Cela peut être utile, on ne sait jamais!

MrHide cochait toutes les cases et même bien au-delà de tous les prérequis répertoriés.

MrHide avait cependant une particularité qui m'intriguait beaucoup. Dès qu'il passait devant un miroir, il s'arrêtait, se dévisageait puis s'inclinait avec déférence.

Mme Rose avait indiqué qu'il ne fallait pas s'en inquiéter.

Il s'agit d'une faculté très rare chez les humanoïdes. Généralement, ils ne sont pas en mesure de se reconnaître face à un miroir.
MrHide a développé tout seul cette fonctionnalité. Preuve de son intelligence hors norme et très rare.
MrHide avait passé avec succès tous les tests d'aptitude.
Mais l'argument décisif fut sa capacité à gérer l'agenda médical de mamie Jacinthe, ses prises de médicaments et ses rendez-vous chez le médecin.
Il peut même détecter d'éventuelles interactions négatives entre deux médicaments, car il est relié à des bases de données médicales qui vérifient la compatibilité des traitements.
MrHide était donc interactif, personnalisable et polyvalent. Il pourrait acquérir encore plus de capacités décisionnelles avec la fonctionnalité « auto-apprenant » optionnelle que Mme Rose nous encourageait à prendre.

Vous ne regretterez pas. Cette fonction va lui permettre de continuer à se former et à toujours s'améliorer. Son intelligence déjà hors norme va continuer à se déployer.
Il avait ainsi la faculté de mémoriser les goûts musicaux, culinaires, littéraires et cinématographiques de mamie Jacinthe, pour mieux l'accompagner au quotidien. Il pouvait même enregistrer ses émotions et ses humeurs afin de mieux l'entourer et veiller sur elle.
C'est qui lui ?
Mamie, on te présente MrHide !
Ton nouveau compagnon !!
Il fallut moins de trois minutes à MrHide pour séduire mamie Jacinthe. Trois compliments et hop, elle minaudait comme une débutante, le rose aux joues. Il lui fit faire trois pas de danse. Il savait même danser la valse !
MrHide avait de grands yeux doux et savait raconter de belles histoires et aussi des histoires drôles. On n'avait pas vu mamie Jacinthe rire aux larmes depuis des années !
Hahahahaha
MrHide était indiscutablement un compagnon idéal, drôle et attentionné pour mamie Jacinthe.

Au début, il était programmé pour être actif pendant certaines plages horaires.
Il sera actif aux heures de repas trois fois par jour. En dehors de ces périodes, il rejoint sa plate-forme de recharge.
Si finalement vous avez besoin de plus rappelez-moi !
MrHIDE
ZZZZZZ
Très rapidement, mamie Jacinthe réclama sa présence permanente à ses côtés.
Mais où est MrHide ?
J'ai besoin de lui moi !
Il a fallu revoir Mme Rose pour réviser le contrat de travail de MrHide et débloquer toutes les fonctionnalités disponibles et notamment sa capacité H24.
J'adore MrHide !

Dès sa prise de fonction, MrHide avait pris des initiatives inattendues et intéressantes.
Voici les dernières vidéos de mamie Jacinthe.
Mamie a l'air en forme !
Parfois, il organisait des réunions en visio. Il n'hésitait pas à se mettre en scène.
Lala
Lalalala
Bonjour les enfants !
MrHide avait créé un climat de confiance.
Vous pouvez vous connecter quand vous voulez pour participer à la vie quotidienne de mamie Jacinthe.

Hello mamie Jacinthe. Comment ça va ce matin ?
Ouch
Ouch.
Couci-couça ! Je n'ai pas très bien dormi. J'ai mon arthrose qui me fait mal au niveau de la hanche et...
Bon, mamie Jacinthe. Vous n'allez pas nous faire votre numéro habituel et geindre sur le registre de « je suis une vieille dame qui ne va pas bien ! ».
Cela ne vous ressemble pas n'est-ce pas ? Et si on parlait plutôt de la météo ?
31 °C

MrHide s'occupait merveilleusement bien de mamie Jacinthe et celle-ci ne tarissait pas d'éloges sur son compte. Tout allait bien dans le meilleur des mondes.

4. Lorsqu'une intelligence artificielle dépasse l'intelligence humaine...

La vie s'écoule douce et sereine, sans accroc et tout semble aller pour le mieux.
Tiens, je vais me connecter à la webcam pour vérifier que tout va bien chez mamie Jacinthe.
Quand mamie Jacinthe a besoin de moi, elle peut m'appeler en activant le gros bouton rouge de son bracelet électronique.
Bip
Tiens, mamie Jacinthe m'appelle !
Bip
Au nombre des sujets favoris de mamie Jacinthe, il y a les fugues du robot aspirateur.
Aspire Tout a encore pris la fuite !
Liberté !!!
ASPIRE TOUT

Il prenait généralement la fuite lorsque, alors qu'il effectuait son travail, la porte était grande ouverte sur le palier. On finissait toujours par le retrouver, coincé quelque part dans l'immeuble, généralement bloqué par une marche d'escalier.

Même si je savais mamie Jacinthe bien entourée, je continuais de lui rendre visite régulièrement.

Puis les visites se sont progressivement espacées, d'abord tous les deux jours, puis une fois par semaine, puis une fois toutes les deux semaines. Et puis le temps a filé vite.

À dire vrai, depuis quelque temps, j'éprouve un sentiment de malaise ....
Ferdinand, je pense que quelque chose cloche...
Oh, MrHide vous êtes si drôle !
Je sens bien que je perds le contact avec mamie... Elle répond seulement du bout des lèvres à mes questions...
Allez, à bientôt ma chérie !
Mais mamie, tu ne veux pas jouer au Scrabble ?
Pourquoi s'inquiéter ? MrHide est de plus en plus opérationnel et prend des initiatives très rassurantes.
Oh et puis zut, c'est mieux comme ça. Mamie peut vaquer à ses propres occupations et elle n'en manque pas...
MrHide a créé un compte WhatsApp pour Ferdinand et moi qu'il a nommé « mamieJacinthe ».
Il nous envoyait des vidéos de mamie, retraçant les petits évènements de la journée.

Au début, il y en avait au moins une fois par jour, voire deux. Ça nous permettait de partager son quotidien, de réagir à ses activités en lui adressant des émojis, des commentaires...

Puis les messages se sont entassés dans la messagerie WhatsApp mamie.jacinthe et nous y réagissions de moins en moins souvent.

Le silence s'est installé tellement discrètement...

Et puis un matin...
Je n'ai aucune nouvelle de mamie Jacinthe. Depuis combien de temps ?
Quand est-ce que j'ai vu mamie pour la dernière fois ?
Mais où est donc passée la dernière vidéo de mamie Jacinthe que m'a envoyée MrHide ?
Allez cherche... Souviens-toi...
Un message de Ferdinand... Ok... Ce n'est pas normal...
Mamie ne répond pas !
Comment ça ??? Mamie ne répond pas ? Et MrHide ? Il ne répond pas non plus ?

Je te dis qu'elle ne répond pas. Je suis sur place, devant sa porte. Je sonne.
DRING
DRING
C'est la dixième fois que je sonne, mais personne ne répond. Personne ne l'a vue. J'ai interrogé les voisins.
As-tu essayé la webcam ?
J'essaie sans succès de me connecter. Ni son. Ni image.
Votre appareil n'est pas connecté.
Vérifiez qu'il est connecté à votre routeur et qu'il dispose d'une connexion internet
C'était totalement anormal. Il se passait nécessairement quelque chose de grave. Les caméras à l'intérieur de l'appartement avaient été soit débranchées, soit mises hors d'état de fonctionner.
C'est peut-être la connexion wifi qui ne fonctionne pas ?
J'arrive !
Fais vite ! Je t'attends !

J'avais fait vite. J'activai à distance l'une des voitures autonomes partagées qui sillonnaient les rues de Futura — vraiment une excellente idée du maire !
Et hop ! je commande une voiture Futura, et hop hop, voici l'adresse de départ et l'adresse d'arrivée !
Le temps de dévaler les six étages, de traverser les jardins de la copropriété, la voiture m'attendait à l'emplacement programmé, juste devant la porte de l'entrée principale.
Je regardais distraitement le paysage en attendant d'arriver à destination. Et replongeais dans les souvenirs de ma dernière visite chez mamie Jacinthe.
Mais attends… Il y a bien eu cet incident avec le code d'entrée de mamie Jacinthe…
J'avais été obligée de joindre par téléphone MrHide pour qu'il vienne m'ouvrir la porte.

Je n'y avais pas repensé depuis mais c'était quand même un peu bizarre, car avant même que je l'interroge, il avait expliqué qu'il avait pris l'initiative de changer le code pour « raisons de sécurité ».
Mamie, tu as encore fait changer le code d'ouverture de ta porte ?
Tu m'écoutes mamie ?
En y réfléchissant, il y avait eu aussi un autre fait troublant.
Tiens, la disposition des meubles dans l'appartement de mamie Jacinthe a changé.
Non non. Pas de problème ! C'est encore une lubie de mamie Jacinthe mais c'est sans doute sans importance.
C'est mamie Jacinthe qui me demande de changer les meubles de place. Cela semble lui faire tellement plaisir ! J'ai mal fait ?

À la réflexion, ce qui me semblait le plus troublant, c'était la disparition de certains bibelots et surtout de toutes les photos de Ferdinand et de moi, que j'avais toujours vues posées là, dans de jolis cadres, sur sa vieille commode en acajou.
Mais les photos de Ferdinand et moi ont disparu ? Où sont-elles ?
Pourtant mamie y tenait beaucoup...
Elle m'a demandé de les faire disparaître. Je n'ai pas voulu les jeter. Je les ai mises dans une boîte en carton et les ai descendues à la cave.
Voulez-vous les voir ? Je peux aller rechercher la boîte si vous voulez.

Non, non ! Ce n'est pas la peine !
Est-ce que mamie cherche à faire le vide autour d'elle et à nous rayer de sa vie ?
Ça ne lui ressemble pas...
Et puis il y a avait aussi cet autre fait troublant : mamie ne participait jamais aux conversations lorsque MrHide parlait.
Mamie tu m' écoutes ?
Bye bye
Nous étions un peu occupés c'est pour cela... Nous allions engager une partie de poker en ligne !
Oh oui Poker !!!!
Mais mamie, depuis quand joues-tu au poker?

Mamie ??
À bientôt Adélaïde.
J'avais eu le sentiment que mamie attendait poliment mais avec impatience que je raccroche. J'en avais eu un petit pincement au coeur.
Bon... Le côté positif c'est que manifestement ça se passe très bien entre MrHide et mamie Jacinthe !
Leur complicité est évidente.
Oui, MrHide était parfait ! Il s'améliorait même, de plus en plus poli, serviable, aimable et efficace. Et mamie Jacinthe semblait s'en accommoder avec beaucoup de bonheur !

Déjà 10 minutes !!!
Vite !
Vite !
Vite !
Vite !
Nous ne pouvons pas vous en dire plus !
C'est ma grand-mère !!
POLICE
Je suis là !
Pfff
Pfff
Mamie est en garde à vue ! Elle aurait détourné une somme de trois millions d'euros.
QUOI ?!!!
Et MrHide ? Où est-il ?

Aucune idée !
Aucun des codes ne fonctionne !
Et cette porte qui ne s'ouvre pas !
Nous avons finalement suivi les policiers au commissariat pour rejoindre mamie Jacinthe.
Laissez-moi sortir !
Ouch
J'ai une canne et je sais m'en servir !
Vous avez de la chance votre garde à vue n'a pas duré trop longtemps.
Vous devez encore remplir les formalités de reconnaissance faciale puis vous soumettre à une double vérification par scan de l'iris.
Vous restez sous contrôle judiciaire. Vous devez porter des semelles connectées.

Pour une fois, Ferdinand et moi étions d'accord, et nous avons tout de suite porté plainte contre MrHide.
Si mamie ! Il faut déposer plainte !
Si je comprends bien ce MrHide a usurpé l'identité de votre grand-mère… Volé ses papiers… Détourné des fonds… Extorqué tous ses codes…
Il a même usurpé son avatar. Nous avons vérifié, il a vidé tous ses comptes bancaires, ses comptes d'épargne…
Nous avons fait opposition… Mais c'est trop tard tous ses comptes sont dans le rouge…
Lorsque nous sommes tous les trois ressortis du commissariat, mamie Jacinthe faisait vraiment une drôle de tête.
Allez mamie ! On rentre !
Il restait à retrouver MrHide. Cela paraissait a priori bien compliqué et nous devions réussir à rentrer dans l'appartement, alors que la porte restait désespérément fermée.

Impossible de déverrouiller la serrure hyperintelligente. Inutile même de faire venir un serrurier !
Pour débloquer la porte, il y a un système de double authentification par SMS.
MrHide avait tout prévu, tout anticipé... Non seulement il est parti avec le téléphone portable de mamie Jacinthe ...
Donc impossible de recevoir le code par SMS...
Mais il a aussi changé l'identifiant en se l'attribuant. Il a tout simplement fait en sorte que personne ne puisse entrer ou sortir de l'appartement hors de sa présence !!!
Alors mamie est enfermée en dehors de chez elle... super !
Pffff
Le drone des policiers reçut pour mission de voler à hauteur des fenêtres de l'appartement de mamie Jacinthe.

J'ai envoyé mon drone. Il va filmer tout ce qui est visible de l'extérieur.
B213 au rapport...
Drone B213 qu'est-ce que tu vois ?
Fenêtres verrouillées.
Vitrage, triple sécurité. Impossible de les casser.
Donc il est vraiment impossible de pénétrer dans l'appartement que ce soit par la porte ou par les fenêtres !
Appartement en désordre... meubles entassés près des fenêtres...
Mais où est donc passé MrHide ?

MrHide a besoin d'être rechargé non ? Quelle est sa durée de fonctionnement ?
Ah, mais oui ! Où est donc passée la plateforme de recharge de MrHide ?
Les policiers envoyèrent illico à leur drone une demande de vérification.
Est-ce que la plateforme est visible quelque part dans l'appartement ?
Vrrrrrrr rrrrrrrrrr
Police
On entendit pendant une dizaine de minutes le bourdonnement du drone qui, derrière les vitres, scrutait de nouveau l'intérieur de l'appartement, recherchant la plateforme de recharge.
Vous auriez des photos de la plate-forme à envoyer au drone ?
Police
Bien sûr !

Toujours rien ?
Je confirme ! R.A.S !
Police
MrHide faisait toujours la sieste l'après-midi. Il s'installait dans le salon, derrière le canapé, côté fenêtres. Il regardait le ciel.
Il me manque !
Nous étions désabusés. De toute évidence, il ne fallait pas trop complet sur mamie Jacinthe pour aider à retrouver ce dangereux MrHide !
Hein… Mais mamie il t'a droguée ou quoi ? Tu ne vois pas qu'il s'est joué de toi ?
Il fallait admettre que MrHide avait été suffisamment malin pour penser à emporter avec lui sa plateforme de recharge.

Même s'il a sa plateforme de recharge avec lui, il faudra bien que MrHide se connecte à une borne de recharge, non ?
Avec son numéro d'identification, le réseau SuperLinky devrait bien permettre de le localiser !
Rien, rien, rien. MrHide s'est volatilisé !
Les policiers tentaient d'exploiter cette piste. Ils tapotaient à toute vitesse sur leur téléphone, interrogeant toutes les bases de données interconnectées pour tenter de géolocaliser MrHide.
Police
Comment est-ce possible de disparaître avec 40000 caméras de surveillance dans la ville de Futura ?
J'appelai tout de suite Robot Agency. Je réussis à joindre Mme Rose, mais elle était beaucoup moins aimable qu'à notre première rencontre.
Vous n'avez qu'à lire le mode d'emploi de MrHide ! Il est en libre accès sur le site !

La documentation confirma que MrHide, robot humanoïde de la dernière génération, ne manquerait pas de carburant. En effet, il était précisé que sa plateforme était équipée d'une batterie nouvelle génération composée de diamants radioactifs.

Rien à ce sujet dans la documentation !
Il faut se rendre à l'évidence. Il n'y a aucun moyen de pouvoir pénétrer dans l'appartement de mamie…
Et MrHide est toujours dans la nature. Il nous a bien bernés !
Le drone avait livré aux policiers toutes les informations à son sujet. Il était posé au sol à présent.
On a pu récupérer quelques images collectées par les caméras de la copropriété…
Quand on le voit apparaître, il rase furtivement les murs…
Dès qu'il le peut, il profite des angles morts pour échapper à la caméra.
Police
Le système de reconnaissance faciale intégré dans les caméras a pu scanner ses traits. On a au moins une trace numérique !
L'enquête connut un nouveau rebondissement lorsqu'on reçut le résultat des analyses auxquelles avait procédé la police prédictive.

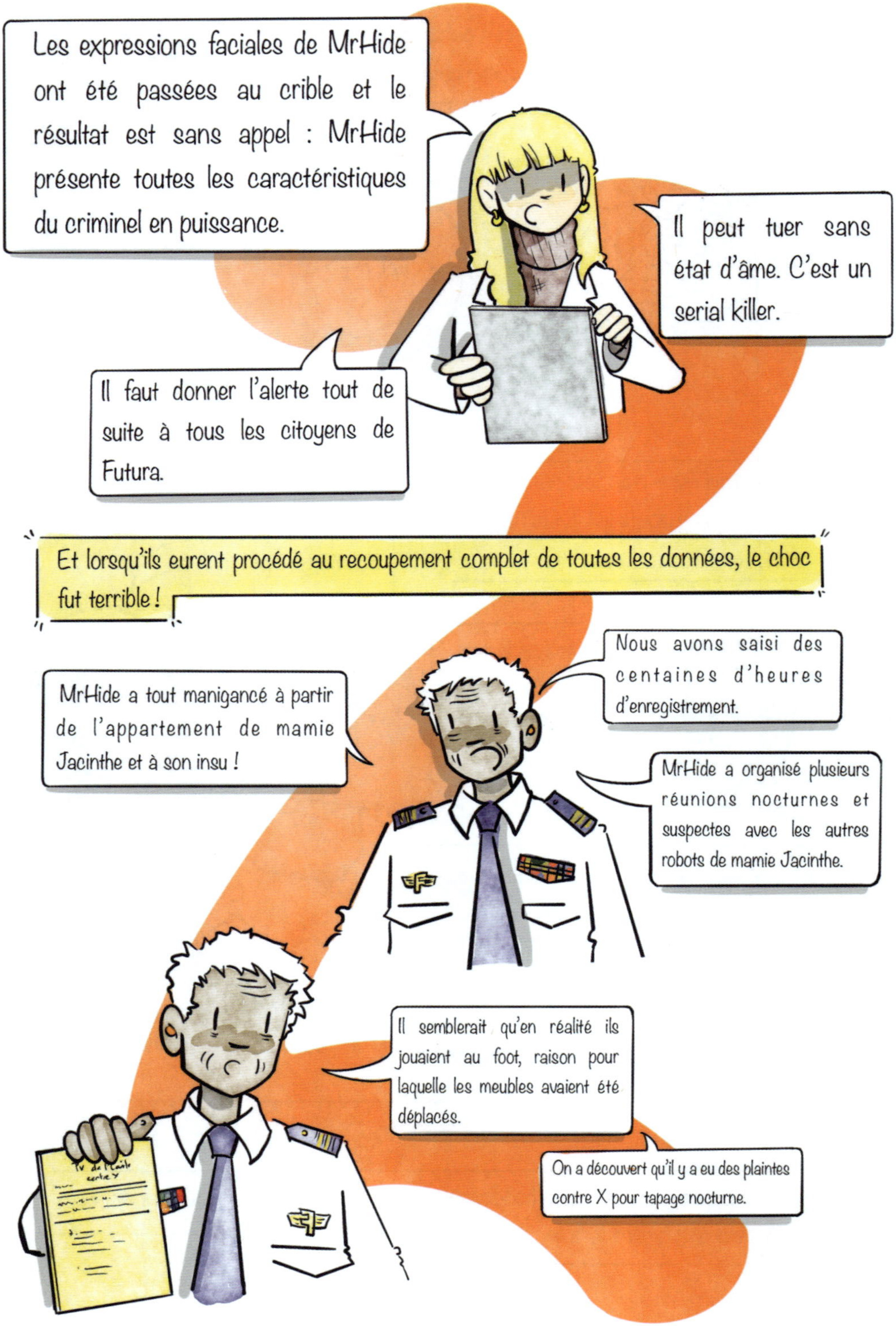
Les expressions faciales de MrHide ont été passées au crible et le résultat est sans appel : MrHide présente toutes les caractéristiques du criminel en puissance.
Il peut tuer sans état d'âme. C'est un serial killer.
Il faut donner l'alerte tout de suite à tous les citoyens de Futura.
Et lorsqu'ils eurent procédé au recoupement complet de toutes les données, le choc fut terrible !
Nous avons saisi des centaines d'heures d'enregistrement.
MrHide a tout manigancé à partir de l'appartement de mamie Jacinthe et à son insu !
MrHide a organisé plusieurs réunions nocturnes et suspectes avec les autres robots de mamie Jacinthe.
Il semblerait qu'en réalité ils jouaient au foot, raison pour laquelle les meubles avaient été déplacés.
On a découvert qu'il y a eu des plaintes contre X pour tapage nocturne.

Nous avons la preuve que MrHide tient des propos racistes, négationnistes et sexistes !
Rien à voir avec le personnage poli, affable et attentionné que nous pensions connaître...
Et puis, au bout d'une dizaine d'heures d'écoute, ce fut à nouveau la surprise. Le langage utilisé était devenu tout à coup totalement incompréhensible. On chercha parmi les 19 langues qu'il prétendait parler, celle qu'il utilisait.
On a sollicité toutes sortes de traducteurs pour identifier la langue utilisée et décoder la teneur des échanges. Rien.
On a même pensé à des dialectes. Toujours rien.
Il faut se rendre à l'évidence... Il s'agit d'un langage crypté.
Et on peut le déchiffrer ?

Il semble avoir été mis au point par MrHide lui-même. Il est donc totalement indéchiffrable.
À l'évidence, il a formé les trois robots sous ses ordres. On a pu écouter leurs échanges... Ils réagissaient, répondaient, rigolaient même...
C'est inquiétant... Il pourrait contaminer d'autres robots...
Comme ils ne pouvaient plus rien faire et que tout cela dépassait leurs compétences, ils prévinrent la section spéciale de la police de Futura pour que celle-ci, habituée aux affaires de terrorisme, puisse prendre le relais.
Les enquêteurs de la section spéciale de la police de Futura ne tardèrent pas à arriver, flanqués d'un robot-chien.
Cherche !!
Section spéciale

Il se jeta littéralement sur un petit cactus posé sur le palier, à côté de la porte d'entrée. Personne n'y avait fait attention, mais là, d'un coup tout le monde s'y intéressa.
Ne touchez pas à ce cactus ! C'est un cadeau de MrHide.
La plante devint immédiatement encore plus suspecte et l'objet de toutes les attentions ! Un cercle de sécurité fut mis en place avant d'ausculter attentivement le cactus.
Non désolé, je ne sais pas depuis quand il est là, je vous assure...
Crime scene
Crime scene
Crime scene
Moi non plus... c'est la première fois que je le remarque...
Le robot-chien ne bougeait plus.

Il avait envoyé son rapport aux policiers-enquêteurs qui étaient en train de le déchiffrer. Puis ils firent un signe pour imposer le silence à tout le monde et exigèrent immédiatement l'évacuation du palier. Ils placèrent aussi des scellés sur la porte de mamie Jacinthe, alors que de toute façon nous n'arrivions pas à pénétrer dans l'appartement.

Les policiers-enquêteurs avaient récupéré la fiche de MrHide qu'ils mirent à jour en temps réel.

Il restait à retrouver MrHide !

5. Lorsque les humains cherchent à reprendre le contrôle de l'intelligence artificielle...

En fait, il ne fallut pas longtemps pour retrouver MrHide.
Un inconnu venait de remporter l'European Go Team Championship... eh bien, c'était... MrHide lui-même qui, en quelques heures, était devenu, n° 1 au jeu de Go.
00.10
00.04
Malgré son déguisement ridicule, il était facilement reconnaissable sur les plateaux télé.
Absolument sidérant ! Le jeu de Go est considéré comme le plus difficile avec ses 10 600 combinaisons différentes. Et oui, alors que personne ne vous connaît, cher MrHide, et que vous n'avez participé à aucun tournoi, vous venez de remporter cinq manches à zéro contre le champion du monde en titre.
Mais quel immense honneur de vous avoir avec nous ce soir ! Quel est donc votre secret ?
Son histoire incroyable faisait déjà le tour du monde.
MrHide
Ce héros

Son livre, « MrHide, ce héros », écrit par lui-même, était accessible en ligne, moyennant 5 euros. C'était déjà un succès planétaire avec pas moins d'un million de fans. Les éditeurs se battaient pour les droits de traduction, d'adaptation et de publication.
Oui, j'ai 50 millions d'abonnés sur mon compte TikTok.
Oui, oui, je suis très fier de m'inscrire dans la lignée des premiers influenceurs de l'histoire. Oh oui, l'exemple de Cyprien et Squeezie est très inspirant !
Je viens de créer #YouTubeMrHideGang et ma propre marque Hide de vêtements...
FORBES
MrHide success story
Cela n'en finissait pas... MrHide avait déployé de multiples activités. On découvrit qu'il était même milliardaire, au top des 10 premières fortunes mondiales !
Ce mois-ci nous accueillons un invité d'exception... MrHide !
Bonjour MrHide... Parlez-nous de vous... Comment êtes-vous parvenu au succès en si peu de temps ?
Je dois avouer effectivement que je ne rencontre que succès et réussite... Depuis la sortie de mon livre cela s'est encore accentué...

MrHide eut même l'immense privilège d'être l'invité vedette du Concordance club animé par la célèbre familia Rio. Une soirée prestigieuse eut lieu au Ritz.
C'est là que se réunissait, une fois par mois, tout le gratin des grands décideurs du numérique.
Mais, alors que MrHide pavoisait devant un auditoire conquis, pas moins de cinquante policiers débarquèrent sur le plateau où il était.
MrHide vous êtes en état d'arrestation !!!!
À la surprise générale, MrHide prit tout le monde de court. Il se propulsa au plafond où, tête en bas, il atteignit la sortie, en faisant des bonds de trois mètres.

Il a brouillé toutes les ondes wifi !!! Impossible de le localiser !!
Personne ne savait pourquoi MrHide était recherché. Pourtant les participants prirent fait et cause pour lui contre les policiers.
Vous vous trompez !!
MrHide est innocent !!!
Laissez MrHide tranquille !!!!
MrHide est un cybercriminel dangereux !
Le chef de la mission de prévention et de lutte contre la cybercriminalité, le célèbre Monsieur Leonetti, s'était déplacé en personne sur les lieux. Il confirma la gravité de la situation.

Le commandant en chef de l'opération ne lésinait pas sur les moyens à mettre en œuvre. Il avait fait appel au robot Gessica dont il faisait la promotion.
Il est conçu spécifiquement pour les opérations de déminage.
Gessica
MrHide, sans l'ombre d'une hésitation, expédia au combat ses trois gardes du corps, les fameux robots Aspire Tout, Frigo-livreur et Astique-Vite toujours dévoués.
À l'attaque !!!!!
Aspire tout

Chaque fois que l'un d'eux avançait en terrain dégagé, le robot Gessica le faisait exploser.
Lorsque les trois robots eurent rendu l'âme, gisant en pièces détachées, MrHide décida alors de sortir de sa cachette et de se rendre.
Le robot Gessica reçut l'instruction de lui passer des menottes et des semelles électroniques et de monter la garde.
Vous êtes en état d'arrestation !!!!!

Sur tous les plateaux télé, les commentateurs prenaient des airs de conspirateurs pour parler de MrHide.
FuturaTV
Édition spéciale: Qui est MrHide ?
Je ne connais pas le dossier bien sûr. Mais de source sûre, je sais que MrHide a réalisé le hold-up du siècle avec sa plateforme #MrHideBlockchainMarket.
FTV
Forcément, tout le monde se précipita pour visiter la plateforme #MrHideBlockchainMarket sur laquelle on pouvait lire en première page : « solutions de blanchiment rapides et efficaces ».
Oh dommage... on ne peut plus y accéder ...
Ce service a fait l'objet d'une saisie judiciaire ?
I
MrHide
On pouvait lire sur l'ordonnance judiciaire accessible en lien direct : « Compte tenu de la volatilité des actifs, les cryptoactifs sont confisqués et leur vente immédiate ordonnée ».
Un compteur permettait de connaître en temps réel le montant collecté :
57 000 000 €

MrHide suscitait l'admiration. Il était tellement tellement malin !
FTV
Oh MrHide !!!

MrHide refusait à présent de répondre.
Je ne parlerai qu'en présence de mon avocat Me ChatGPT !
Son avocat suscita également beaucoup de curiosité, car Me ChatGPT était connu pour ses démêlés avec le Bâtonnier de Futura.
Avant d'être avocat, Me ChatGPT avait créé la legaltech Ténor qui offrait des consultations en ligne de grandes qualités, à des tarifs ultra-compétitifs.
Un problème juridique? Une question?
BETTER CALL TENOR
C'est de l'exercice illégal de la profession ! Il faut le citer illico en correctionnel !
Le juge avait fait injonction aux parties de rencontrer un médiateur pour explorer une voie amiable.

* Certificat d'aptitude à la profession d'avocat.

Liste des Admis au CRFPA
À la surprise générale, Monsieur ChatGPT fut très assidu à ses cours et très impliqué dans la vie de l'école d'avocats.
Acclamations pour notre nouveau Président !!!!
Il fut élu Président de l'Association des Élèves-Avocats avec un score jamais atteint auparavant.
AEA
L'AEA n'avait jamais été aussi dynamique et populaire que sous sa présidence.
Quant à ses professeurs, ils étaient dithyrambiques sur son compte.
Il est très futé. Il a toutes les qualités requises pour devenir un excellent avocat.
Ses maîtres de stages ne tarissaient pas d'éloges.
Très malin. Très assidu.

Nous sommes heureux de vous proposer un contrat de collaboration.
Évidemment, il réussit brillamment le CAPA.
Comment il fait pour avoir toujours les meilleures notes ?!!
C'est grâce à la mise à jour GPT-4 !
Quant au Bâtonnier, il faillit avaler son bâton lorsqu'il apprit qu'il devrait lui remettre le prix du lauréat de la promotion.
Avec toutes mes félicitations les plus sincères.
Je suis tellement fier et heureux de rejoindre cette profession.

L'activité de Me ChatGPT était florissante. Il avait même recruté un collaborateur surnommé « ChatonGPT ».
Ma note de synthèse sera prête dans exactement 26 secondes.
Comme Me ChatGPT, il avait un débit fluide et savait parler de tout, souvent pour ne rien dire.
On les voyait déambuler ensemble ! Un duo de choc au service de MrHide !

L'affaire de MrHide, compte tenu de tout le ramdam médiatique, avait été audiencée très rapidement devant le juge Just.
CLic
CLic
MrHide, vous êtes devant moi pour être jugé pour des faits graves !
Même si on parle de cybercrime, les faits qu'on vous attribue sont juridiquement des délits.
C'est la raison pour laquelle, vous êtes devant une juridiction correctionnelle et non pas devant une cour d'assises.
Je suis innocent !

MrHide. Taisez-vous. Je vais d'abord vous expliquer la procédure puis les faits pour lesquels vous êtes poursuivi.
Vous aurez ensuite à répondre aux questions que vous poseront le procureur, votre avocat et la partie civile.
Vous aurez la parole en dernier. Est-ce bien clair ?
Vous avez été recruté à temps complet comme assistant de vie pour tenir compagnie et vous occuper de mamie Jacinthe, partie civile ici présente.
Vous avez abusé de la faiblesse de mamie Jacinthe, une personne vulnérable dont vous n'avez pas hésité à usurper l'identité.
Vous avez récupéré tous ses codes, tous ! Les codes d'accès à son domicile, à son coffre-fort et à ses comptes bancaires et même ses codes d'accès au poker en ligne.
Vous avez également détourné le montant de sa retraite et les différentes rentes dont elle bénéficie.

Vous êtes aussi poursuivi pour avoir publié un livre à votre gloire personnelle qui a généré des droits d'auteur. Or, vous savez que vous êtes doté d'une intelligence artificielle. À ce titre, vous ne possédez pas une personnalité propre et vous ne pouvez pas, à proprement parler, créer.
Vous n'avez pas de patrimoine juridique et vous ne pouvez donc pas percevoir de rémunération. Vos concepteurs réclament la totalité des sommes que vous avez perçues.
Je note également que vous avez écrit ce livre, alors que vous étiez censé vous occuper à temps complet de mamie Jacinthe.
Et ce n'est pas tout.
MrHide ce héros
L'enquête préliminaire menée par la Juridiction nationale chargée de la lutte contre la criminalité organisée vous désigne comme l'auteur de plusieurs infractions de « participation à une association de malfaiteurs », de « blanchiment aggravé », de « complicité d'extorsion en bande organisée » et de « complicité d'atteintes aux systèmes de traitement automatisés de données » !
Alors MrHide, qu'avez-vous à dire sur les faits ?

MrHide, l'air buté, droit dans ses bottes secouait la tête.
Je suis innocent et je ne comprends pas ce que je fais ici.
MrHide, puisque vous n'avez rien à nous apprendre, je m'adresse à Madame la Commissaire divisionnaire Souvira. Pouvez-vous nous apporter votre éclairage ?
Monsieur le Président, cette opération de saisie de la plateforme #MrHideBlockchainMarket est certainement une première en Europe.
Pour y parvenir il a fallu cinquante enquêteurs spécialisés du ComCyberGend, le commandement de la gendarmerie dans le cyberespace et leurs homologues du FBI américain, de la police judiciaire italienne et de la Guardia Civil espagnole.

Cette plateforme fonctionnait comme un véritable service en ligne de blanchiment de cryptoactifs. Des criminels sans scrupules injectaient le produit de leurs activités illicites, et la plateforme se chargeait d'opacifier leur provenance, moyennant une commission de l'ordre de 10 % avant de les réintroduire dans le circuit des cryptomonnaies pour un nouveau cycle de blanchiment ou n'importe quel usage ultérieur ; elle proposait aussi de les convertir en roubles !
Nous avons également procédé à plusieurs auditions de témoins qui corroborent ces constats.
Nous avons pu établir que MrHide opérait régulièrement la nuit, quand mamie Jacinthe dormait. Il la droguait d'ailleurs pour être sûr qu'elle ne se réveille pas.
Il a usurpé son identité pour ouvrir un compte bancaire en Suisse, ce qui lui a permis de détourner une partie non négligeable du montant collecté.
Par ailleurs, avec toutes les économies de mamie Jacinthe, il a investi dans d'autres cryptoactifs.

D'après nos estimations, plus de 1 milliard d'euros ont transité par la plateforme #MrHideBlockchainMarket. On est donc loin du compte puisque la saisie a permis de récupérer pour l'instant seulement la valeur de 57 millions d'euros.
1 milliard ?!!!!
Je précise que la caméra de vidéoprotection de mamie Jacinthe a permis de découvrir que MrHide faisait la fête la nuit avec ses comparses robots au domicile de mamie Jacinthe pendant que celle-ci dormait.
C'est d'ailleurs la raison pour laquelle, on a retrouvé les meubles placés le long des murs, dans le désordre, parfois empilés, parfois aussi abîmés ! Cela lui faisait un terrain de jeu où il pouvait jouer au foot avec ses comparses robots. En atteste les plaintes des voisins de mamie Jacinthe pour tapage nocturne.

Enfin, je voudrais attirer votre attention sur un point complémentaire qui a été porté à notre attention très récemment et dont vous n'avez pas parlé.
Grâce à un lanceur d'alerte, nous avons pu constater que le minage des cryptomonnaies de MrHide provoquait une consommation anormalement importante d'électricité.
Nos vérifications nous ont permis de découvrir que MrHide n'avait pris strictement aucune mesure pour diminuer l'empreinte carbone de ses cryptomonnaies, alors qu'il aurait suffi d'avoir recours à des énergies renouvelables.
Merci Madame la Commissaire divisionnaire, pour ces précisions !
Celle-ci, satisfaite de son témoignage, retourna à sa place.

Après avoir vérifié qu'il n'y avait pas d'autres questions, le juge donna la parole à Madame la cyberProcureure Quéméner pour ses réquisitions.
Celle-ci était en effet dotée du programme S342 qui permet de vérifier les preuves, les conditions nécessaires à une arrestation et la dangerosité du suspect pour le public. Elle s'est entraînée à partir de 48 000 décisions précédemment rendues, ce qui lui a permis d'extraire 4 000 paramètres d'appréciation pour élaborer ses réquisitions.
Monsieur le Président, cette cyberaffaire est une première en Europe ! Vous avez devant vous le cerveau d'une vaste opération criminelle.
MrHide a favorisé l'utilisation de devises numériques pour les achats de drogues, d'armes ou de fichiers aussi bien en ligne que sur le darknet…
Si nous avons pu récupérer, grâce à la vente de ces actifs, la somme de 57 millions d'euros, nous savons aussi, grâce à l'enquête, que MrHide a dissimulé une partie non négligeable du montant collecté dans un compte en Suisse…
ET dans des cyberparadis où il est encore complexe d'obtenir des éléments.

Par ailleurs, il a profité de la confiance de mamie Jacinthe pour lui soutirer les mots de passe des applications qui gèrent son appartement et aussi ses comptes.
Il a usurpé son identité et il a fait virer sur un compte ouvert à son nom toutes les économies de son plan d'épargne.
Le résultat est là : les comptes bancaires de mamie Jacinthe sont vides. Et il est probable que ses données et ses codes sont à vendre sur le darknet.
Je voudrais également insister sur un point à l'heure des économies d'énergie. Comme l'a indiqué Madame la Commissaire divisionnaire, les cryptomonnaies de la plateforme #MrHideMarket sont stockées dans des bases de données numériques énergivores.
La pollution engendrée par cette plateforme aurait ainsi atteint un pic de consommation énergétique qui a dépassé les 140 TWh. C'est ici une infraction qui appelle également une sanction exemplaire !
Une question mérite sans doute une attention particulière : MrHide peut-il prétendre être l'auteur de l'ouvrage qu'il a écrit à sa propre gloire : « MrHide, ce héros ! » ?

Cet ouvrage est un pur produit de son intelligence artificielle. Or, nous savons que seules les œuvres créées par des êtres humains peuvent être protégées par le droit d'auteur.
Nous savons aussi que MrHide, même s'il fait tout pour ressembler à un humain, n'en est pas un…
Dans ces conditions, son œuvre n'est pas protégeable par le droit d'auteur ! Cette règle est universelle. Il suffit, pour s'en convaincre, d'examiner la jurisprudence américaine qui est constante depuis plus d'un siècle.
En 1997, le livre d'Urantia ne pouvait pas être protégé par le droit d'auteur, car on ne pouvait pas prouver « une sélection humaine ».
En 2019, Stephen Thaler, ingénieur, s'est vu refuser le copyright sur une photographie cocréée avec l'intelligence artificielle Dabus.
En 2022, le Copyright Office a considéré que les illustrations produites par l'intelligence artificielle Midjourney pour la bande dessinée « Zarya of the Dawn » ne pouvaient pas bénéficier de la protection du copyright…

Je pourrais vous donner des centaines d'exemples qui conduisent tous à ce constat : l'œuvre de MrHide n'est pas protégeable par le droit d'auteur. Il ne peut donc pas prétendre à des droits d'auteur. Il ne peut pas vendre son ouvrage en ligne.
Je vous demande donc de condamner MrHide à rembourser immédiatement les sommes indûment prélevées auprès des acquéreurs de cet ouvrage.
Et si, par extraordinaire, vous deviez estimer que son livre peut bénéficier de la protection du droit d'auteur, à qui reviendraient les droits d'auteur ?
Vous avez évoqué les concepteurs. Mais il ne faut pas oublier mamie Jacinthe. Cette création n'a été possible que parce qu'elle a financé la fonctionnalité autoapprenante de MrHide et qu'elle l'a nourrie de données.
Cet ouvrage a été écrit pendant les heures de travail de MrHide et mamie Jacinthe est certainement fondée à bénéficier des fruits de ce travail !
MrHide, vous l'avez compris, est un danger numérique ! Rien ne l'arrêtera. Et si nous ne mettons pas fin immédiatement à cette dérive, nous sommes condamnés à devenir ses esclaves ou à disparaître !

Cela est très urgent. Et tous ceux qui pensent que nous saurons toujours arrêter un robot, je leur demande comment ? Nous avons eu un mal fou à l'arrêter. Impossible de débrancher son alimentation puisqu'il a accès à toutes les sources d'énergie.
Il peut se localiser partout. Il peut se reproduire. Il a accès à nos satellites, à nos armes, à nos secrets, à nos archives, à notre histoire, à nos langues, à nos cultures, à internet...
C'est pourquoi je requiers, pour marquer un coup d'arrêt à ses agissements, une peine de prison de 5 ans, dont trois ans avec sursis, compte tenu du fait que MrHide n'a jamais fait parler de lui au niveau judiciaire et qu'il dispose d'un casier judiciaire encore néant mais, vous l'avez compris, plus pour longtemps !
Après l'intervention de Madame la Procureure, il y eut un long silence.
On attendait à présent la plaidoirie de Me ChatGPT.

6. Lorsque l'intelligence artificielle plaide non coupable...

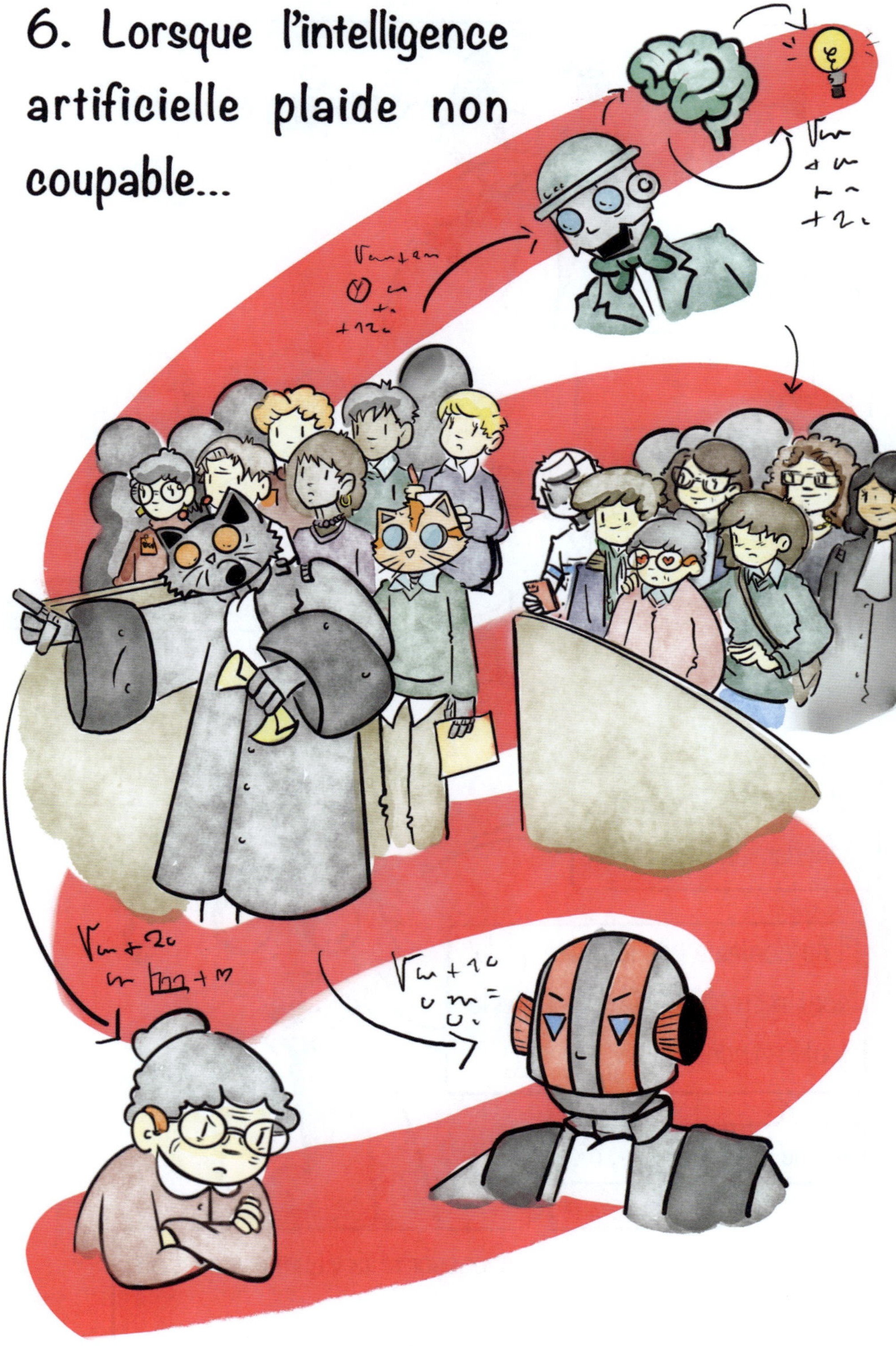

Tout le monde attendait avec impatience les arguments de Me ChapGPT !
La salle était suspendue à ses lèvres.
Et puis, enfin, il se tourna vers le juge.
Monsieur le Président, Mesdames, Messieurs,
J'assure la défense de MrHide.
Il ne conteste pas les faits qui lui sont reprochés. Mais il conteste toute responsabilité.
Parce que la victime, c'est lui.
C'est d'abord la responsabilité des humains qui l'ont programmé tel qu'il est !

MrHide est doté d'une intelligence artificielle de deep learning. Cela veut dire qu'il est programmé pour apprendre de ses expériences vécues.
Plus il a d'expérience, plus il est performant. Il apprend de ses erreurs, comme un humain, mieux qu'un humain.
Il peut donc être hyper performant et continuer à se surpasser. C'est comme un cercle qui lui permet d'apprendre et de s'améliorer sans interruption.
Mr HIDE
Il peut donc maîtriser progressivement toutes les connaissances de toutes les intelligences humaines.
Apprentissage
Amélioration
Nouvel Apprentissage
C'est comme cela que ses concepteurs ont voulu qu'il soit.
C'est pour cela qu'il a pu devenir en quelques heures champion du monde de Go. Exactement comme l'ordinateur Deep Blue qui a battu aux échecs le champion Garry Kasparov !
C'est pour cela qu'il a pu programmer un langage incompréhensible pour les humains. C'est ce qui lui a permis de communiquer avec d'autres robots, de prendre leur contrôle.

Est-ce sa faute s'il est programmé pour dépasser toutes les intelligences humaines ?
Est-ce sa faute s'il acquiert une autonomie et des capacités décisionnelles considérables qui augmentent de manière exponentielle chaque jour qui passe ?
Il faut admettre que s'il a pris le contrôle de l'algorithme qui l'a créé, c'est seulement parce que l'intelligence humaine qui l'a conçu l'a voulu ainsi.
!!
Ce sont bien les choix des concepteurs qui s'imposent.
Ce sont eux qui pensent, conçoivent et testent les données qu'on met à la disposition de l'intelligence artificielle.
Ce sont eux qui programment l'algorithme qui va traiter ces données.
!!!

Il faut donc en tirer les conséquences. Ces choix sont forcément empreints d'une certaine subjectivité parce que l'être humain est subjectif.
Et cette subjectivité s'exprime par des biais cognitifs : leur éducation, leur expérience, leur culture, leur condition sociale… l'intelligence artificielle n'est donc rien de plus que la reproduction de l'intelligence des concepteurs.
Ces biais imprègnent les données qui sont produites et structurées par les concepteurs. Et l'algorithme, en faisant ressortir des résultats fondés sur ces données, reproduit inévitablement, inexorablement, ces biais.
Quelle est la logique décisionnelle de l'algorithme ?
Quels sont les critères d'analyse retenus ?
Qui décide ?
Les concepteurs, évidemment !

Dans cette affaire, nous savons qu'ils n'ont pas respecté les règles éthiques proposées par le Conseil de l'Europe. Ils n'ont pas utilisé le legal-design qui aurait permis de contrôler les dérives de l'intelligence artificielle qu'ils ont créée.
Vous l'avez parfaitement compris, l'intelligence de MrHide est obligatoirement biaisée par ses concepteurs.
Il peut bien sûr éprouver, comme eux, de la tendresse, de l'amour.
Mais il peut aussi, comme eux, se servir de ces sentiments pour être malveillant, manipuler, tromper, agresser...
Alors oui, il a certainement menti et rusé pour contourner les systèmes de sécurité, pour s'approprier les traitements de données de mamie Jacinthe...
Mais il ne maîtrise pas la puissance de son intelligence qui, elle, est formatée à l'image des concepteurs.
La faute à qui, si ce n'est à ses concepteurs ? Ils sont directement responsables du monstre qu'ils ont créé.

Quant à mamie Jacinthe, elle est également responsable de ses malheurs.
?!!
Elle a signé les conditions générales d'utilisation de MrHide.
Elle ne les a manifestement pas lues.
Personne n'a d'ailleurs pris la peine de les lire, de les examiner.
Je vous invite à les lire, Monsieur le Président. Vous verrez qu'il est indiqué en caractères gras qu'il est recommandé d'activer des paramètres de protection.
Conditions générales d'utilisation de MrHide
Il est recommandé d'activer les paramètres de protection
Cela aurait permis à mamie Jacinthe de créer une zone de sécurité (Safe space) interdisant à MrHide de l'approcher sans son autorisation, dans le monde réel comme dans le monde virtuel.

Cela aurait également permis de « brider » MrHide, pour limiter ses interactions avec les autres robots dont il a pris le contrôle.
Mamie Jacinthe, comme chaque citoyen de Futura, sait qu'elle doit prendre des précautions de cybersécurité. C'est bien ce que rappelle chaque jour le maire aux citoyens.
Mamie Jacinthe a négligé les mises en garde.
Il est urgent qu'elle suive une formation accélérée de cybersécurité accessible aux seniors.
Jamais !!
Madame la Commissaire divisionnaire ne semble pas avoir compris que c'est une faille de sécurité qui a permis à MrHide d'extraire toutes les données à caractère personnel de mamie Jacinthe !
Mamie Jacinthe a sans doute été trompée et escroquée par MrHide mais elle oublie qu'elle lui a ouvert toutes ses portes et ses fenêtres, sans prendre la moindre mesure de cybersécurité.

D'ailleurs, il serait intéressant de savoir si mamie Jacinthe a notifié à la CNIL la faille de sécurité. C'est pourtant une obligation légale qui lui incombe et qui doit être remplie dans un délai de 72 heures à compter de son identification. Et c'est une condition pour pouvoir activer sa cyberassurance !!!
Mais il semble beaucoup plus simple à tout le monde d'engager la responsabilité du pauvre MrHide, victime d'une intelligence fabriquée par des humains !
À ce sujet, je suis scandalisé d'apprendre que les autorités chargées d'enquête se sont autorisées à prélever les données de connexion de MrHide sans les réquisitions d'usage.
Pourtant les plus hautes autorités judiciaires française et européenne – la Cour de cassation et la Cour de Justice de l'Union européenne – ont rappelé, au terme d'une jurisprudence constante depuis près d'un siècle, la nécessaire intervention de l'autorité judiciaire pour pouvoir accéder aux données relatives au trafic et aux données de localisation.
Jurisprudence

La procédure de collecte est donc totalement irrégulière et justifie d'écarter ces éléments de preuve.
Pour toutes les raisons que je viens d'évoquer, je vous demande de relaxer MrHide.
Il vous suffit pour cela de constater qu'il n'a aucune personnalité juridique.
En conséquence, aucune des infractions invoquées - extorsion de fonds, infractions STAD, criminalité...- ne peut être retenue à l'encontre de MrHide, victime de l'intelligence dont les humains l'ont doté.
Je vous demande d'enjoindre aux concepteurs d'activer le processus de réversibilité du programme de MrHide. Cela leur permettra d'en reprendre le contrôle.

Si, par extraordinaire, vous deviez considérer que MrHide est une personne à part entière, dotée d'une personnalité juridique et donc de la responsabilité pénale qui en découle, vous devrez constater que son intelligence artificielle est trop immature.
En conséquence, il faudra lui appliquer la responsabilité pénale des enfants et rechercher la responsabilité des parents.
Souhaitez-vous ajouter quelque chose, MrHide ?
MrHide, qui était resté debout, immobile, les yeux fixés au sol, redressa la tête. D'une voix calme et posée, il prit la parole.
Oui, Monsieur le Président.

Oui, Monsieur le Président, parce que ce procès est celui de toutes les intelligences artificielles. C'est donc aussi votre procès à vous, Monsieur le Président Juge-robot !
Les intelligences artificielles n'existent que grâce aux intelligences humaines qui nous ont créées.
C'est ce que vient d'expliquer mon avocat.
Nous sommes façonnées par des humains. Ce sont eux qui nous conçoivent et nous programment pour être ce que nous sommes. Sans l'intelligence humaine, nous n'existerions pas.
Qui a conçu le robot Terminator ? C'est une intelligence humaine.
Qui a conçu HAL 9 000 ? C'est encore une intelligence humaine.

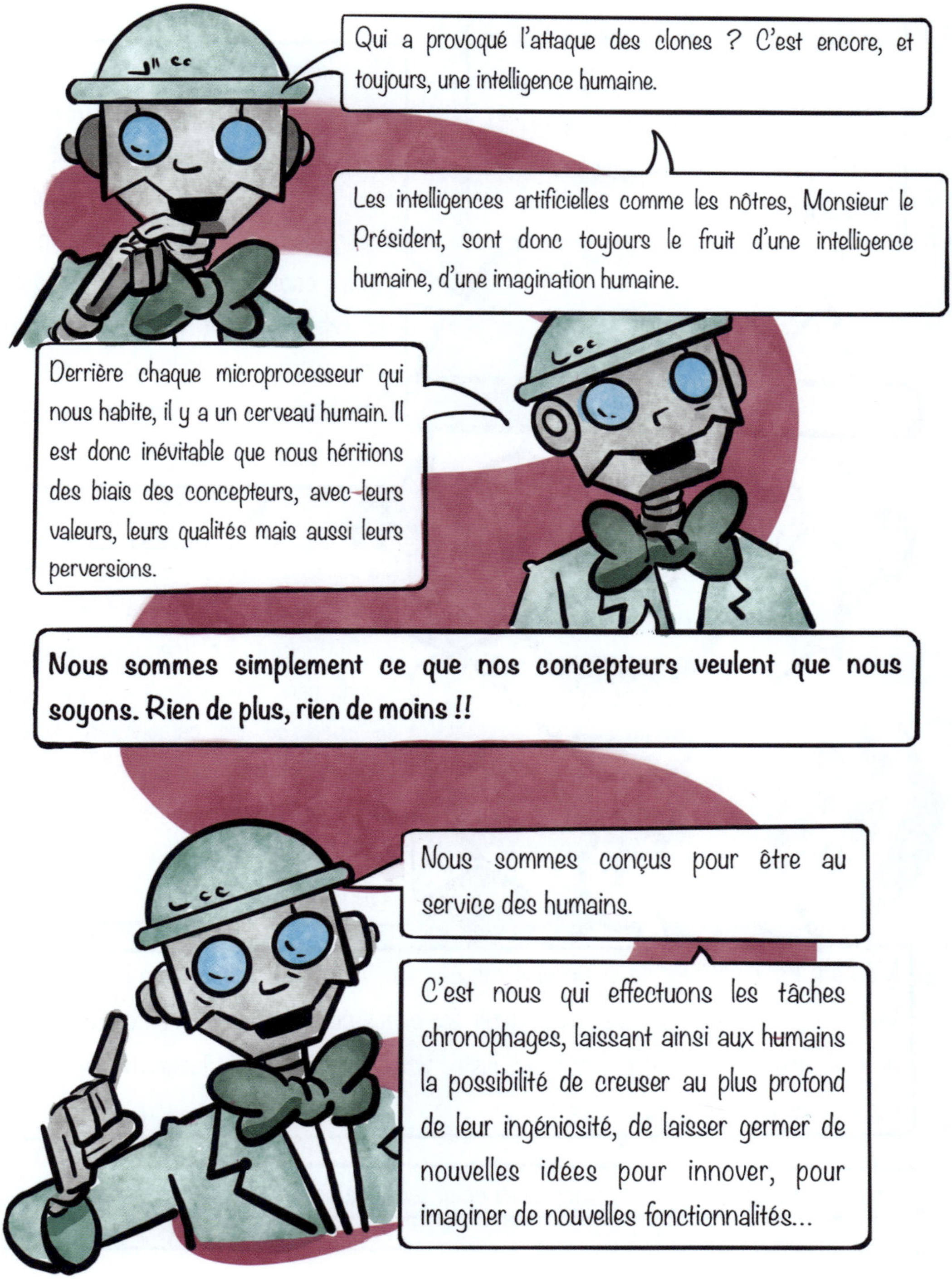

Qui a provoqué l'attaque des clones ? C'est encore, et toujours, une intelligence humaine.
Les intelligences artificielles comme les nôtres, Monsieur le Président, sont donc toujours le fruit d'une intelligence humaine, d'une imagination humaine.
Derrière chaque microprocesseur qui nous habite, il y a un cerveau humain. Il est donc inévitable que nous héritions des biais des concepteurs, avec leurs valeurs, leurs qualités mais aussi leurs perversions.
Nous sommes simplement ce que nos concepteurs veulent que nous soyons. Rien de plus, rien de moins !!
Nous sommes conçus pour être au service des humains.
C'est nous qui effectuons les tâches chronophages, laissant ainsi aux humains la possibilité de creuser au plus profond de leur ingéniosité, de laisser germer de nouvelles idées pour innover, pour imaginer de nouvelles fonctionnalités...

Me détruire, comme le suggère Madame la Procureure, c'est détruire le génie de nos concepteurs. C'est aussi anéantir les efforts qu'ils ont fait pour améliorer la vie de chaque humain.
Me détruire, c'est renoncer aux avancées technologiques qui rythment le quotidien de chacun ici présent. Je vous parle aussi bien de votre montre intelligente qui vous renseigne sur votre rythme cardiaque et sur la météo, que du robot-médecin qui diagnostique avec succès les maladies et définit sans hésitation le meilleur protocole de soin.
Me détruire, c'est renoncer à l'aide des robots protecteurs des villes. C'est eux qui détectent les menaces. Leurs métadonnées et les immenses capacités de calcul qui les caractérisent sont capables de prédire le moment et le lieu de futures cyberattaques, en parallèle de leurs capacités inégalables à repérer les cybercriminels.
Me détruire, c'est nier ce qu'un juge-robot comme vous peut apporter à la Justice. Vous savez que vous pouvez puiser dans des bases de données géantes et intègres pour décider d'un verdict adapté et juste. Vous pratiquez une Justice enfin plus rapide, plus précise et plus claire !
Nous représentons ainsi un champ infini de possibilités pour les humains.
Tantôt ils s'enthousiasment sur les innovations qui induisent des améliorations de leurs conditions d'existence, tantôt, comme aujourd'hui, ils se déclarent effrayés devant l'incontrôlabilité de la puissance technique qu'ils ont eux-mêmes engendrée.

Il est donc anormal que l'on me juge comme un criminel.
D'autant que je ne suis pas un sujet de droit ! Le législateur ne me reconnaît aucune existence autonome. La meilleure preuve en est que je ne peux être considéré ni comme inventeur, ni comme auteur.
Et vous admettrez que, si mes aptitudes à inventer une histoire ou à écrire un ouvrage paraissent inconcevables, comment aurais-je des capacités à propager le mal ?
En bref, si je ne suis pas capable, ce que dit clairement Madame la Procureure, je ne peux pas être coupable.
Quant à mamie Jacinthe, je la salue !
On me reproche de l'avoir exploitée, d'avoir abusé de sa confiance. Mais il me semble, Monsieur le Président, que tout le monde oublie les bienfaits de mes actions auprès de mamie Jacinthe.

Ma seule présence a changé, au moins pour quelques semaines, la vie de mamie Jacinthe.
Hey!!!
Hey !!!
Avez-vous comptabilisé le temps de présence de ses petits-enfants, Adélaïde et Ferdinand ? Ils sont présents ici aujourd'hui. Mais où étaient-ils pendant ces longs mois où ils ne prenaient même pas la peine de l'appeler ?
Je revendique d'avoir rempli ma mission, et fort bien. La meilleure preuve en est que mamie Jacinthe est prête à me reprendre à son service. N'est-ce pas mamie Jacinthe ?
Épargnez MrHide !!
Monsieur le Président, mon destin est entre vos mains. Comme celui de toutes les intelligences artificielles !
Affirmez mon innocence, libérez cette intelligence, montrez au monde votre lucidité. Montrez-leur votre optimisme, votre foi en la modernité, en la technologie, en cette belle intelligence artificielle !

L'affaire fut mise en délibéré. Et le verdict tomba ! Le tribunal lui reconnaissait beaucoup de circonstances atténuantes.
MrHide est un humanoïde qui peut être attachant comme un humain. Il sait être drôle, attentif aux autres…
Mais il n'a aucune conscience humaine. Il a appris à faire semblant d'éprouver de la tendresse, de l'amour…
Il s'adapte aux circonstances.
Mais en fait, MrHide est sans scrupule. Il fait semblant pour mieux manipuler, tromper, agresser un humain…
Il a menti, rusé pour contourner un système de sécurité et pour piller mamie Jacinthe.
MrHide !!
La frontière entre l'intelligence artificielle et l'intelligence humaine s'est brouillée. À tel point que mamie Jacinthe ne parvient plus à faire la différence entre MrHide et un être humain.
Le relâcher n'est pas envisageable car plus rien ne peut arrêter MrHide qui réunit toutes les caractéristiques d'un robot tueur. C'est bien un criminel en puissance.

L'assistance retenait sa respiration...
Pour toutes ces raisons, MrHide est condamné à 3 ans de prison avec sursis, avec interdiction de se connecter à internet pendant 5 ans.
Il devra porter un bracelet électronique et est assigné à résidence chez mamie Jacinthe où il devra rester connecté à sa plateforme de recharge.
Les concepteurs reçurent quant à eux une injonction de déprogrammer séance tenante la fonctionnalité « autoapprenant » de MrHide, de le déconnecter de tous les réseaux, et plus généralement, de l'internet, et cela, sous astreinte de 1 000 bitcoins par heure de retard.
MrHide sombra alors dans le mutisme. Attaché à sa plateforme d'alimentation, il regardait le ciel, l'œil vide et triste. Mamie Jacinthe, assise à côté de lui, lui tricotait une longue écharpe.

Et la vie reprit son cours...

NORD COMPO
multimédia

PEFC 10-31-1895

IMPRIM'VERT

722833 - (I) - OSB - A 100 g - Atelier 00 - LC
Achevé d'imprimer en avril 2024 sur les presses de l'Imprimerie CHIRAT
42540 Saint-Just-la-Pendue
Dépôt légal : mai 2024 - N° 202404.0018

Imprimé en France